근현대 전법 선맥(傳法禪脈)

75조 경허 성우(鏡虛 惺牛) 전법선사

홀연히 콧구멍 없는 소 되라는 말끝에
삼천계가 내 집임을 단박에 깨달았네
유월의 연암산을 내려가는 길에서
일없는 야인이 태평가를 부르노라

忽聞人語無鼻孔
頓覺三千是我家
六月鷰岩山下路
野人無事太平歌

76조 만공 월면(滿空 月面) 전법선사

 전법게

구름과 달, 산과 계곡이라, 곳곳에서 같음이여
선가의 나의 제자 수산의 큰 가풍일세
은근히 무문인을 그대에게 분부하니
이 기틀의 방편이 활안 중에 있노라

雲月溪山處處同
叟山禪子大家風
慇懃分付無文印
一段機權活眼中

* 제75조 경허 성우 전법선사 전함 / 제76조 만공 월면 전법선사 받음

77조 전강 영신(田岡 永信) 전법선사

 전법게

불조도 전한 바 없어서
나 또한 얻은 바 없음을…
가을빛 저물어 가는 날에
뒷산의 원숭이가 울고 있네

佛祖未曾傳
我亦無所得
此日秋色暮
猿嘯在後峰

* 제76조 만공 월면 전법선사 전함 / 제77조 전강 영신 전법선사 받음

78대 농선 대원(弄禪 大圓) 전법선사

전법게

부처의 조사도 일찍이 전한 것이 아니거늘
나 또한 어찌 받았다 하며 준다 할 것인가
이 법이 2천년대에 이르러서
널리 천하 사람을 제도하리라

佛祖未曾傳
我亦何受授
此法二千年
廣度天下人

부송(付頌)

어상을 내리지 않고 이러-히 대한다 함이여
뒷날 돌아이가 구멍 없는 피리를 불리니
이로부터 불법이 천하에 가득하리라

不下御床對如是
後日石兒吹無孔
自此佛法滿天下

* 제77조 전강 영신 전법선사 전함 / 제78대 농선 대원 전법선사 받음

이 오도송과 전법게는 농선 대원 선사님께서 법리에 맞도록 새롭게 번역한 것입니다.

불조정맥 제 77조 대한불교 조계종 전강 대선사님께서는, 16세에 출가하여 23세 때 첫 깨달음을 얻고 25세에 인가를 받으셨다. 당대의 7대 선지식인 만공, 혜봉, 혜월, 한암, 금봉, 보월, 용성 선사님의 인가를 한 몸에 받으셨으며, 이 중 만공 선사님께 전법게를 받아 그 뒤를 이으셨다. 당대의 선지식들이 모두 극찬할 정도로 그 법이 뛰어나서 '지혜제일 정전강'이라 불렸다.

33세의 최연소의 나이로 통도사 조실을 하셨고, 법주사, 망월사, 동화사, 범어사, 천축사, 용주사, 정각사 등 유명선원 조실을 역임하시고 인천 용화사 법보선원의 조실로 일생을 마치셨다.

1975년 1월 13일, 용화사 법보선원의 천여 명 대중 앞에서 "어떤 것이 생사대사(生死大事)인고?" 자문한 후에 "악! 구구는 번성(翻成) 팔십일이니라."라고 법문한 뒤, 눈을 감고 좌탈입망하셨다.

다비를 하던 날, 화려한 불빛이 일고 정골에서 구슬 같은 사리가 무수히 나왔다. 열반하시기까지 한결같이 공안 법문으로 최상승법을 드날리셨으니 그 투철한 깨달음과 뛰어난 법, 널리 교화하기를 그치지 않으셨던 점에 있어서 한국 근대 선종의 거목이라 일컬어지고 있다.

불조정맥 제 78대 농선 대원 전법선사님
- 전강대법회에서 법문 중 할을 하시는 모습

오로지 정법만을 깨닫기 서원합니다.

입을 열면 정법만을 설하기 서원합니다.

중생이 다하는 그날까지 교화하기 서원합니다.

- 농선 대원 전법선사의 3대 서원

불교 8대 선언문

불교는 자신에게서 영생을 발견하게 한 유일한 종교이다.

불교는 자신에게서 모든 지혜를 발견하게 한 유일한 종교이다.

불교는 자신에게서 모든 능력을 발견하게 한 유일한 종교이다.

불교는 자신에게서 모든 것을 이루게 한 유일한 종교이다.

불교는 자신에게서 극락을 발견하게 한 유일한 종교이다.

불교는 깨달으면 차별 없어 평등하다는 유일한 종교이다.

불교는 모든 억압 없이 자신감을 갖게 한 유일한 종교이다.

불교는 그러므로 온 누리에 영원할 만인의 종교이다.

- 농선 대원 전법선사 주창

전세계의 불교계에서 통일시켜야 할 일

경전의 말씀대로 32상과 80종호를 갖춘 불상으로 통일해야 한다.

예불 드리는 법을 통일해야 한다.

불공의식을 통일해야 한다.

- 농선 대원 전법선사 주창

2018년 이룬절 포천정맥선원 농선 대원 선사님의 법회

대방광불화엄경
大方廣佛華嚴經

제 33 권

십회향품 ⑪
十廻向品

도서출판 문젠(구, 바로보인)은 정맥선원에서 운영하고 있습니다.

* 인제산(人濟山) 성불사(成佛寺) 국제정맥선원
  경기도 포천시 내촌면 소리개길 86-178 ☎ 031-531-8805 ☎ 010-6431-8805
* 인제산(人濟山) 이문절 포천정맥선원
  경기도 포천시 내촌면 소리개길 86-123 ☎ 031-531-2433 ☎ 010-3880-8980
* 자모산(慈母山) 육조사(六祖寺) 청도정맥선원
  경북 청도군 매전면 동산리 산 50 ☎ 010-9800-6109
* 백양산(白楊山) 자모사(慈母寺) 부산정맥선원
  부산시 동래구 아시아드대로 114번길 10 대륙코리아나 2층 212호
  ☎ 051-503-6460 ☎ 010-2951-8667
* 광암산(光巖山) 성도사(成道寺) 광주정맥선원
  광주광역시 광산구 삼도광암길 34 ☎ 062-944-4088 ☎ 010-8670-1445
* 대통산(大通山) 대통사(大通寺) 해남정맥선원
  전남 해남군 화산면 송계길 132-98 중정마을 ☎ 061-536-6366 ☎ 010-8938-2438

바로보인 불법 ❸❽

화 엄 경 33권

초판 1쇄 펴낸날 단기 4351년, 불기 3045년, 서기 2018년 12월 20일

역   저 농선 대원 선사
펴 낸 곳 도서출판 문젠(Moonzen Press)
        11192,경기도 포천시 내촌면 소리개길 86-178
        전화 031-534-3373 팩스 031-533-3387
신 고 번 호 2010.11.24. 제2010-000004호

윤 문 교 정 증연 강영미
편집 전자책 제작 도향 하가연
표 지 그 림 현정(玄楨)
인   쇄 가람문화사

도서출판문젠 www.moonzenpress.com
정 맥 선 원 www.zenparadise.com
사막화방지국제연대(IUPD) www.iupd.org

ⓒ 문재현, 2017. Printed in Seoul, Republic of Korea
값 15,000원
ISBN 978-89-6870-033-0 04220
ISBN 978-89-6870-000-2 (전81권)

華嚴十無頌 화엄십무송

- 농선 대원 선사

無相法性常顯前
상이 없는 법성은 언제나 드러나 있고

無性諸法如谷響
성품이 없는 모든 법은 골짜기에 메아리 같도다

無外作處是自在
밖이 없이 짓는 곳을 이 자재라 하는 것이니

無非華嚴大道場
화엄 대도량 아님이 없음이로다

無窮無盡光神通
궁구할 수 없고 다함 없는 광명의 신통에서

無不出生三千界
삼천대천세계가 나오지 않음이 없도다

無碍相卽大自在
걸림이 없이 서로 즉한 대자재여

無爲之法是日常
함이 없는 법이 일상이로다

無有定法隨狀況
정한 법 없어 상황을 따름이여

無上無爲妙菩提
위 없고 함이 없는 묘보리로다

바로보인 불법 ㊳

화엄경(華嚴經) 33권

농선 대원 선사 역저

二十五 、십회향품 (十廻向品) ⑪

서 문

가없이 크고 넓어 광대함이여!
모양 없는 그 가운데 본래 갖춤
증득한 지혜인이라야 아네

남섬부주 일체의 나툼이여
본래의 갖춤에 비하자면
천만억분의 일도 안 된다네

이러-히 온통 온통함이여!
모두 갖춘 본연한 이 장엄을
'대방광불화엄'이라 하네

단기(檀紀) 4345년
불기(佛紀) 3039년

무등산인 농선 대원
(無等山人 弄禪 大圓)

☞ 81권 화엄경 권과 품

차 례

일러두기

1. 화엄경 본문을 지나치게 세밀하게 나누어 긴 주해를 싣지 않은 것
   은 그로 해서 원문의 흐름이 끊어지게 되지 않을까 하는 우려에서이
   다. 이런 까닭에 다만 수없이 장고(長考)하며 최대한 원문에 충실하
   게 번역하고 각권의 마지막이나 각품의 마지막에만 결문(結文)을 더
   하였다. 화엄경 본문이 이치적으로 더할 나위 없이 샅샅이 불화엄의
   화장세계를 밝힌 것이라면 결문은 화엄경의 화장세계를 선(禪) 도
   리로 간략히 바로 끊어 보인 것이다. 이로써 경의 본뜻이 굴절 없이
   전달되어 화엄의 세계가 독자의 세계가 되기를 바란다.
2. 요즈음 화엄경을 접한 이들이 최고의 경전이라 불리는 화엄경 첫머
   리부터 '신(神)'이라는 호칭으로 기록된 분들이 많은 것을 보고 의
   아하게 생각하는 경우가 있다. 화엄경의 첫머리인 세주묘엄품을 보
   면 이 '신(神)'이라는 호칭으로 기록된 분들이 불보살님의 화현이거
   나 보살마하살의 경지에서 행하는 분들임을 알 수 있다. 이런 까닭
   에 이 책에서는 '신(神)'을 '천제(天帝)'로 번역하였다. 예를 들면, '집
   금강신'은 '집금강천제'로 의역하였다. 천제는 그 세계를 다스리고
   교화하는 분, 곧 깨달아, 삼매와 지혜와 덕과 신통과 방편과 변재를
   갖추어서 다스리고 교화하는 분을 말한다.
3. 미주는 *로 표시하였다.

二十五 십회향품 ⑪

佛子 菩薩摩訶薩 復以法施 所修善根 如是廻向 願一切
佛刹 皆悉淸淨 以不可說不可說莊嚴具 而莊嚴之 一一佛
刹 其量廣大 同於法界 純善無礙 淸淨光明 諸佛 於中 現
成正覺 一佛刹中 淸淨境界 悉能顯現一切佛刹 如一佛刹
一切佛刹 亦復如是 其一一刹 悉以等法界無量無邊淸淨
妙寶莊嚴之具 而爲嚴飾 所謂阿僧祇淸淨寶座 敷衆寶衣
阿僧祇寶帳 寶網垂布

10) 제10 법계와 동등한 한량없는 회향 ②
(等法界無量廻向)

"불자들이여, 보살마하살이 다시 법보시로 닦은 선근으로써 이와 같이 회향하기를 '일체 부처님세계가 모두 청정하여 불가설불가설 수의 장엄구로써 장엄하기를 서원하니, 낱낱 부처님세계의 그 양이 광대하여 법계와 같고, 순수하고 걸림 없으며, 광명이 청정하여 모든 부처님께서 그 가운데 정각 이룸을 나타내신다.

한 부처님세계의 청정한 경계에 일체 부처님세계를 모두 나타내고, 한 부처님세계와 같이 일체 부처님세계도 또한 이와 같다.

그 낱낱의 세계를 모두 법계와 동등한 무량 무변 수의 청정하고 묘한 보배 장엄구로 화려하게 장식하니, 아승기 수의 청정한 보배자리는 온갖 보배 옷을 펴고, 아승기 수의 보배휘장은 보배그물을 펴서 드리웠으며,

阿僧祇寶蓋 一切妙寶 互相映徹 阿僧祇寶雲 普雨衆寶 阿
僧祇寶華 周遍清淨 阿僧祇衆寶所成欄楯軒檻 清淨莊嚴
阿僧祇寶鈴 常演諸佛微妙音聲 周流法界 阿僧祇寶蓮華
種種寶色 開敷榮耀 阿僧祇寶樹 周匝行列 無量妙寶 以爲
華果 阿僧祇寶宮殿 無量菩薩 止住其中 阿僧祇寶樓閣 廣
博崇麗 延袤遠近 阿僧祇寶卻敵 大寶所成 莊嚴妙好 阿
僧祇寶門闥 妙寶瓔珞 周匝垂布 阿僧祇寶窓牖 不思議寶
清淨莊嚴 阿僧祇寶多羅 形如半月 衆寶集成

아승기 수의 보배일산은 일체 묘한 보배가 서로 밝게 비치고, 아승기 수의 보배구름은 널리 온갖 보배를 비 내리듯 하며, 아승기 수의 보배꽃이 청정하게 두루 가득하고, 아승기 수의 여러 보배로 이루어진 난간은 청정하고 장엄하며, 아승기 수의 보배방울은 항상 모든 부처님의 미묘한 음성을 널리 펴서 법계에 두루 흐르게 하고, 아승기 수의 보배연꽃이 갖가지 보배색으로 빛나고 무성하게 피어나며, 아승기 수의 보배나무가 줄지어 두루 둘러싸며 한량없이 묘한 보배는 꽃과 열매가 되고, 아승기 수의 보배궁전에는 한량없는 보살이 그 가운데 머무르며, 아승기 수의 보배누각이 넓으면서도 높고 아름다우며 멀고 가까운 곳에 길게 이어지고, 아승기 수의 보배망루는 큰 보배로 이루어져 아름답게 장엄하며, 아승기 수의 보배문은 묘한 보배영락을 둘러 싸서 드리우고, 아승기 수의 보배창문은 부사의한 보배로 청정하게 장엄하며, 아승기 수의 보배다라는 반달과 같은 모양의 온갖 보배를 모아 이루었다.

如是一切 悉以衆寶 而爲嚴飾 離垢清淨 不可思議 無非如
來善根所起 具足無數寶藏莊嚴 復有阿僧祇寶河 流出一
切清淨善法 阿僧祇寶海 法水盈滿 阿僧祇寶芬陀利華 常
出妙法芬陀利聲 阿僧祇寶須彌山 智慧山王 秀出清淨 阿僧
祇八楞妙寶 寶線貫穿 嚴淨無比 阿僧祇淨光寶 常放無礙
大智光明 普照法界 阿僧祇寶鈴鐸 更相扣擊 出妙音聲

이와 같이 일체가 다 온갖 보배로써 화려하게 꾸며졌으니 때를 여읜 청정함이 불가사의하고 여래의 선근으로 비롯된 것이 아님이 없어서 셀 수 없는 보배장의 장엄을 구족하였다.

다시 아승기 수의 보배강에서는 일체 청정하고 착한 법이 흘러나오고, 아승기 수의 보배바다에는 법의 물이 가득 차며, 아승기 수의 보배분타리꽃에서는 항상 묘한 법의 분타리 소리가 나오고, 아승기 수의 보배수미산에서는 지혜의 산왕이 빼어난 청정함을 내며, 아승기 수의 팔각으로 된 묘한 보배는 보배실로 꿰어서 청정하고 장엄함이 비할 데 없고, 아승기 수의 청정한 광명의 보배에서는 항상 걸림 없는 큰 지혜의 광명을 놓아서 법계를 두루 비추며, 아승기 수의 보배방울이 서로 부딪쳐서 묘한 소리를 내고,

阿僧祇清淨寶 諸菩薩寶 具足充滿 阿僧祇寶繒綵 處處垂下 色相光潔 阿僧祇妙寶幢 以寶半月 而爲嚴飾 阿僧祇寶幡 悉能普雨無量寶幡 阿僧祇寶帶 垂布空中 莊嚴殊妙 阿僧祇寶敷具 能生種種微細樂觸 阿僧祇妙寶旋 示現菩薩一切智眼 阿僧祇寶瓔珞 一一瓔珞 百千菩薩 上妙莊嚴 阿僧祇寶宮殿 超過一切 妙絶無比 阿僧祇寶莊嚴具 金剛摩尼 以爲嚴飾 阿僧祇種種妙寶莊嚴具 常現一切清淨妙色

아승기 수의 청정한 보배는 모든 보살의 보배로 충만하게 구족하며, 아승기 수의 보배비단이 곳곳에 드리워져 색상이 밝게 깨끗하고, 아승기 수의 묘한 보배당기는 보배반달로 화려하게 장식되며, 아승기 수의 보배번기는 모두 한량없는 보배번기를 널리 비 내리듯 하고, 아승기 수의 보배띠가 허공 가운데 펴 드리워져 뛰어나게 장엄하며, 아승기 수의 보배좌구는 갖가지의 미세하고 편안한 촉감을 내고, 아승기 수의 묘한 보배구슬은 보살의 일체 지혜의 눈을 나타내 보이며, 아승기 수의 보배영락은 낱낱의 영락이 백천 보살의 가장 훌륭한 장엄이고, 아승기 수의 보배궁전은 일체를 뛰어넘어 절묘함이 비할 데 없으며, 아승기 수의 보배장엄구는 금강마니로 화려하게 장식하고, 아승기 수의 갖가지 묘한 보배장엄구는 항상 일체 청정하고 묘한 색을 나타내며,

阿僧祇淸淨寶 殊形異彩 光鑒映徹 阿僧祇寶山 以爲垣牆
周匝圍遶 淸淨無礙 阿僧祇寶香 其香 普熏一切世界 阿僧
祇寶化事 一一化事 周遍法界 阿僧祇寶光明 一一光明 現
一切光 復有阿僧祇寶光明 淸淨智光 照了諸法 復有阿僧
祇無礙寶光明 一一光明 周邊法界 有阿僧祇寶處 一切諸
寶 皆悉具足 阿僧祇寶藏 開示一切正法藏寶 阿僧祇寶幢
如來幢相 迥然高出 阿僧祇寶賢 大智賢像 具足淸淨 阿僧
祇寶園 生諸菩薩三昧快樂

아승기 수의 청정한 보배는 특별한 형상과 색다른 빛이 광명의 거울에 환하게 비치고, 아승기 수의 보배산이 담장이 되어 주위를 둘러싸서 청정하여 걸림이 없으며, 아승기 수의 보배향은 그 향기를 일체 세계에 널리 풍기고, 아승기 수의 보배가 화현하는 일은 낱낱의 화현하는 일로 법계를 두루 가득히 하며, 아승기 수의 보배광명이 낱낱의 광명에서 일체의 빛을 나타낸다.

다시 아승기 수의 보배광명은 청정한 지혜의 광명이 모든 법을 밝게 비추고, 다시 아승기 수의 걸림 없는 보배광명은 낱낱의 광명이 법계에 두루 가득하며, 아승기 수의 보배처소는 일체 모든 보배를 다 구족하고, 아승기 수의 보배장은 일체 정법의 보배장 보배를 열어 보이며, 아승기 수의 보배당기는 여래 당기의 모양을 아득하게 높이 드러내고, 아승기 수의 보배현인은 큰 지혜 현인의 형상을 청정하게 구족하며, 아승기 수의 보배동산에서는 모든 보살의 삼매의 즐거움을 내고,

阿僧祇寶音 如來妙音 普示世間 阿僧祇寶形 其一一形 皆
放無量妙法光明 阿僧祇寶相 其一一相 悉超衆相 阿僧祇
寶威儀 見者皆生菩薩喜樂 阿僧祇寶聚 見者皆生智慧寶
聚 阿僧祇寶安住 見者皆生善住寶心 阿僧祇寶衣服 其有
着者 生諸菩薩無比三昧 阿僧祇寶袈裟 其有着者 纔始發
心 則得善見陀羅尼門 阿僧祇寶修習 其有見者 知一切寶
皆是業果 決定淸淨 阿僧祇寶無礙知見 其有見者 得了一
切淸淨法眼

아승기 수의 보배음성은 여래의 묘한 음성을 널리 세간에 보이며, 아승기 수의 보배형상은 그 낱낱의 형상에서 모두 한량없는 묘한 법의 광명을 놓고, 아승기 수의 보배 모양은 그 낱낱의 모양이 모두 온갖 모양을 뛰어넘으며, 아승기 수의 보배위의는 보는 이가 모두 보살의 즐거움을 내고, 아승기 수의 보배무더기는 보는 이가 모두 지혜의 보배 무더기를 내며, 아승기 수의 보배의 편안히 머무름은 보는 이가 모두 잘 머무는 보배마음을 내고, 아승기 수의 보배의복은 그것을 입는 이가 모든 보살의 비할 데 없는 삼매를 내며, 아승기 수의 보배가사는 그것을 입는 이가 비로소 발심하여 선견* 다라니문*을 얻고, 아승기 수의 보배를 닦고 익힘은 보는 이가 일체 보배 모두 이 업의 과보임을 청정하고 분명하게 알며, 아승기 수의 보배의 걸림 없는 지견은 보는 이가 일체 청정한 법안을 깨달아 얻고,

阿僧祇寶光藏 其有見者 則得成就大智慧藏 阿僧祇寶座
佛坐其上 大獅子吼 阿僧祇寶燈 常放清淨智慧光明 阿僧
祇寶多羅樹 次第行列 繚以寶繩 莊嚴清淨 其樹復有阿僧
祇寶幹 從身聳擢 端直圓潔 阿僧祇寶枝 種種衆寶 莊嚴
稠密 不思議鳥 翔集其中 常吐妙音 宣揚正法 阿僧祇寶
葉 放大智光 遍一切處 阿僧祇寶華 一一華上 無量菩薩
結跏趺坐 遍遊法界 阿僧祇寶果 見者當得一切智智 不退
轉果

아승기 수의 보배광명의 보배장은 보는 이가 곧 큰 지혜의 보배장을 성취하며, 아승기 수의 보배자리는 부처님께서 그 위에 앉아 크게 사자후를 하시고, 아승기 수의 보배등불은 항상 청정한 지혜의 광명을 놓으며, 아승기 수의 보배다라수는 차례로 줄지어 서 있는데 보배줄로 묶어 청정하게 장엄하고, 그 나무에 다시 아승기 수의 보배줄기가 몸통에서 돋아나 끝이 곧고 둥글고 깨끗하며, 아승기 수의 보배가지는 갖가지 온갖 보배로 빽빽하게 장엄하고 부사의한 새들이 그 가운데 날아와 모여서 항상 묘한 소리를 내어 정법을 널리 드날리고, 아승기 수의 보배잎이 큰 지혜의 광명을 놓아서 일체 곳에 두루 하며, 아승기 수의 보배꽃에는 낱낱의 꽃 위에 한량없는 보살이 결가부좌를 하고 법계에 두루 다니고, 아승기 수의 보배열매는 보는 이가 일체지의 지혜에서 퇴전하지 않는 과위를 얻는다.

阿僧祇寶聚落 見者捨離世聚落法 阿僧祇寶都邑 無礙衆生 於中盈滿 阿僧祇寶宮殿 王處其中 具足菩薩那羅延身 勇猛堅固 被法甲冑 心無退轉 阿僧祇寶舍 入者能除戀舍宅心 阿僧祇寶衣 着者能令解了無着 阿僧祇寶宮殿 出家菩薩 充滿其中 阿僧祇寶珍玩 見者咸生無量歡喜 阿僧祇寶輪 放不思議智慧光明 轉不退輪 阿僧祇寶跋陀樹 因陀羅網 莊嚴清淨

아승기 수의 보배취락은 보는 이가 세간의 취락의 법을 여의어 버리고, 아승기 수의 보배도읍에는 걸림 없는 중생이 그 가운데 가득 차며, 아승기 수의 보배궁전에는 왕이 그 가운데 살되 보살의 나라연의 몸을 구족하여서 용맹하고 견고하여 법의 갑옷과 투구를 입어 마음에 퇴전함이 없고, 아승기 수의 보배집은 들어가는 이가 집을 그리워하는 마음이 없어지며, 아승기 수의 보배옷은 입는 이가 집착함이 없음을 분명하게 알게 하고, 아승기 수의 보배궁전에는 출가한 보살이 그 가운데에 가득하며, 아승기 수의 보배장난감은 보는 이가 모두 한량없는 환희를 내고, 아승기 수의 보배바퀴는 부사의한 지혜의 광명을 놓아서 물러나지 않는 법륜을 굴리며, 아승기 수의 보배발타나무는 인다라 그물로 청정하게 장엄하고,

阿僧祇寶地 不思議寶 間錯莊嚴 阿僧祇寶吹 其音清亮 充
滿法界 阿僧祇寶鼓 妙音克諧 窮劫不絶 阿僧祇寶衆生
盡能攝持無上法寶 阿僧祇寶身 具足無量功德妙寶 阿僧
祇寶口 常演一切妙法寶音 阿僧祇寶心 具清淨意大智願
寶 阿僧祇寶念 斷諸愚惑 究竟堅固一切智寶 阿僧祇寶明
誦持一切諸佛法寶 阿僧祇寶慧 決了一切諸佛法藏

아승기 수의 보배땅은 부사의한 보배로 사이사이를 꾸며서 장엄하며, 아승기 수의 보배피리는 그 소리가 청량하여 법계에 충만하고, 아승기 수의 보배북은 묘한 소리가 잘 어우러져 겁이 다하도록 끊어지지 않으며, 아승기 수의 보배중생은 모두 위 없는 법의 보배를 거두어 지니고, 아승기 수의 보배몸은 한량없는 공덕의 묘한 보배를 구족하며, 아승기 수의 보배입은 일체 묘한 법의 보배 음성을 항상 널리 펴고, 아승기 수의 보배마음은 청정한 뜻과 큰 지혜와 서원의 보배를 갖추며, 아승기 수의 보배생각은 모든 어리석은 의혹을 끊어서 구경에 일체 지혜의 보배를 견고하게 하고, 아승기 수의 보배밝음은 일체 불법의 보배를 외워 지니며, 아승기 수의 보배지혜〔慧〕는 일체 모든 부처님의 법의 보배장을 분명히 알고,

阿僧祇寶智 得大圓滿一切智寶 阿僧祇寶眼 鑒十力寶 無
所障礙 阿僧祇寶耳 聽聞無量盡法界聲 清淨無礙 阿僧祇
寶鼻 常嗅隨順清淨寶香 阿僧祇寶舌 能說無量諸語言法
阿僧祇寶身 遍遊十方 而無罣礙 阿僧祇寶意 常勤修習普
賢行願 阿僧祇寶音 淨妙音聲 遍十方界 阿僧祇寶身業 一
切所作 以智爲首 阿僧祇寶語業 常說修行無礙智寶 阿僧
祇寶意業 得無障礙廣大智寶 究竟圓滿

아승기 수의 보배지혜〔智〕는 크게 원만한 일체 지혜의 보배를 얻으며, 아승기 수의 보배눈은 십력의 보배를 보아 조금도 장애됨이 없고, 아승기 수의 보배귀는 한량없는 온 법계의 소리를 듣고 청정하여 걸림이 없으며, 아승기 수의 보배코는 수순하는 청정한 보배향을 항상 맡고, 아승기 수의 보배혀는 한량없이 모든 말하는 법을 설하며, 아승기 수의 보배몸은 시방에 두루 다니되 걸림이 없고, 아승기 수의 보배뜻은 보현의 서원행을 항상 부지런히 닦아 익히며, 아승기 수의 보배음성은 청정하고 묘한 음성으로 시방세계에 두루 하고, 아승기 수의 보배몸의 업은 일체를 지음에 지혜를 으뜸으로 삼으며, 아승기 수의 보배말의 업은 걸림 없는 지혜의 보배를 닦고 행함을 항상 말하고, 아승기 수의 보배뜻의 업은 장애가 없는 광대한 지혜의 보배를 얻어서 구경에는 원만하다.'라고 합니다.

佛子 菩薩摩訶薩 於彼一切諸佛刹中 於一佛刹 一方 一處 一毛端量 有無量無邊不可說數諸大菩薩 皆悉成就清淨智慧 充滿而住 如一佛刹 一方 一處 一毛端量 如是盡虛空遍法界一一佛刹 一一方 一一處 一一毛端量 悉亦如是 是爲菩薩摩訶薩 以諸善根 而爲廻向 普願一切諸佛國土 悉具種種妙寶莊嚴 如寶莊嚴如是廣說 如是香莊嚴 華莊嚴 鬘莊嚴 塗香莊嚴 燒香莊嚴 末香莊嚴 衣莊嚴 蓋莊嚴 幢莊嚴

불자들이여, 보살마하살이 저 일체 모든 부처님세계 가운데 한 부처님세계와 한 방위와 한 처소와 한 털끝만 한 곳에서 무량 무변 불가설 수의 모든 큰 보살이 모두 다 청정한 지혜를 성취하여 가득하게 머뭅니다.

한 부처님세계와 한 방위와 한 처소와 한 털끝만 한 곳에서와 같이 이와 같은 온 허공과 두루한 법계의 낱낱의 부처님세계와 낱낱의 방위와 낱낱의 처소와 낱낱의 털끝만 한 곳에서도 다 또한 이와 같습니다.

이것이 보살마하살이 모든 선근으로써 회향하여 널리 일체 모든 불국토에 갖가지 묘한 보배의 장엄을 모두 갖추기를 서원하는 것입니다.

보배 장엄을 이와 같이 널리 설하듯, 이와 같이 향 장엄과 꽃 장엄과 화만 장엄과 바르는 향 장엄과 태우는 향 장엄과 가루향 장엄과 옷 장엄과 일산 장엄과 당기 장엄과

幡莊嚴 摩尼寶莊嚴 次第乃至過此百倍 皆如寶莊嚴 如是
廣說 佛子 菩薩摩訶薩 以法施等所集善根 爲長養一切善
根故 迴向 爲嚴淨一切佛刹故 迴向 爲成就一切衆生故
迴向 爲令一切衆生 皆心淨不動故 迴向 爲令一切衆生 皆
入甚深佛法故 迴向 爲令一切衆生 皆得無能過清淨功德
故 迴向 爲令一切衆生 皆得不可壞清淨福力故 迴向

번기 장엄과 마니보배 장엄과 차례로 더 나아가서 이보다 백 배가 넘는 것들로 모두 보배 장엄을 하듯이 이와 같이 널리 설합니다.

불자들이여, 보살마하살이 법을 보시하는 등으로 모은 선근으로써 일체 선근을 더 기르기 위한 까닭으로 회향하고, 일체 부처님세계를 청정하게 장엄하기 위한 까닭으로 회향하며, 일체 중생을 성취하게 하기 위한 까닭으로 회향하고, 일체 중생으로 하여금 모두 마음이 깨끗하여 움직이지 않게 하기 위한 까닭으로 회향하며, 일체 중생으로 하여금 모두 심히 깊은 불법에 들어가게 하기 위한 까닭으로 회향하고, 일체 중생으로 하여금 모두 허물이 없는 청정한 공덕을 얻게 하기 위한 까닭으로 회향하며, 일체 중생으로 하여금 모두 무너뜨릴 수 없는 청정한 복의 힘을 얻게 하기 위한 까닭으로 회향하고,

爲令一切衆生 皆得無盡智力 度諸衆生 令入佛法故 廻向
爲令一切衆生 皆得平等無量 淸淨言音故 廻向 爲令一切
衆生 皆得平等無礙眼 成就盡虛空遍法界等智慧故 廻向
爲令一切衆生 皆得淸淨念 知前際劫一切世界故 廻向 爲
令一切衆生 皆得無礙大智慧 悉能決了一切法藏故 廻向
爲令一切衆生 皆得無限量大菩提 周遍法界 無所障礙故
廻向

일체 중생으로 하여금 모두 다함이 없는 지혜의 힘을 얻어서 모든 중생을 제도하여 불법에 들어가게 하기 위한 까닭으로 회향하며, 일체 중생으로 하여금 모두 평등하고 한량없이 청정한 음성을 얻게 하기 위한 까닭으로 회향하고, 일체 중생으로 하여금 모두 평등하고 걸림 없는 눈을 얻어서 온 허공과 두루한 법계의 평등한 지혜를 성취하게 하기 위한 까닭으로 회향하며, 일체 중생으로 하여금 모두 청정한 생각을 얻어서 과거 겁의 일체 세계를 알게 하기 위한 까닭으로 회향하고, 일체 중생으로 하여금 모두 걸림 없는 큰 지혜를 얻어서 일체 법의 보배장을 결정코 깨닫게 하기 위한 까닭으로 회향하며, 일체 중생으로 하여금 모두 한량이 없는 대보리를 얻어서 법계에 두루 가득하되 장애가 없게 하기 위한 까닭으로 회향하고,

爲令一切衆生 皆得平等無分別同體善根故 廻向 爲令一切衆生 皆得一切功德 具足莊嚴淸淨身語意業故 廻向 爲令一切衆生 皆得同於普賢行故 廻向 爲令一切衆生 皆得入一切同體淸淨佛刹故 廻向 爲令一切衆生 悉觀察一切智 皆趣入圓滿故 廻向 爲令一切衆生 皆得遠離不平等善根故 廻向 爲令一切衆生 皆得平等無異相深心 次第圓滿一切智故 廻向

일체 중생으로 하여금 모두 평등하고 분별함이 없는 동등한 체성의 선근을 얻게 하기 위한 까닭으로 회향하며, 일체 중생으로 하여금 모두 일체 공덕을 얻어서 청정한 몸과 말과 뜻의 업을 장엄하여 구족하게 하기 위한 까닭으로 회향하고, 일체 중생으로 하여금 모두 보현과 같은 행을 얻게 하기 위한 까닭으로 회향하며, 일체 중생으로 하여금 모두 일체 동등한 체성의 청정한 부처님세계에 들어가게 하기 위한 까닭으로 회향하고, 일체 중생으로 하여금 모두 일체 지혜를 관찰하여서 다 원만함에 들어가게 하기 위한 까닭으로 회향하며, 일체 중생으로 하여금 모두 평등하지 않은 선근을 멀리 여의게 하기 위한 까닭으로 회향하고, 일체 중생으로 하여금 모두 평등하여 다른 상이 없는 깊은 마음을 얻어서 차례로 일체 지혜를 원만하게 하기 위한 까닭으로 회향하며,

爲令一切衆生 皆得安住一切白法故 廻向 爲令一切衆生
皆於一念中 證一切智 得究竟故 廻向 爲令一切衆生 皆
得成滿淸淨一切智道故 廻向 佛子 菩薩摩訶薩 以諸善根
普爲一切衆生 如是廻向已 復以此善根 欲普圓滿演說一
切淸淨行法力故 廻向 欲成就淸淨行威力 得不可說不可
說法海故 廻向 欲於一一法海 具足無量等法界淸淨智光
明故 廻向 欲開示演說一切法差別句義故 廻向 欲成就無
邊廣大一切法光明三昧故 廻向

일체 중생으로 하여금 모두 일체 밝은 법에 편안히 머물게 하기 위한 까닭으로 회향하고, 일체 중생으로 하여금 모두 온통인 생각 가운데 일체 지혜를 증득하여 구경을 얻게 하기 위한 까닭으로 회향하며, 일체 중생으로 하여금 모두 청정한 일체 지혜의 도를 원만히 이루게 하기 위한 까닭으로 회향합니다.

불자들이여, 보살마하살이 모든 선근으로써 널리 일체 중생을 위하여 이와 같이 회향하고는 다시 이 선근으로써 일체 청정한 행을 널리 펴 설하는 법력을 원만하게 하고자 하는 까닭으로 회향하고, 청정한 행의 위력을 성취하여 불가설불가설 수의 법해를 얻고자 하는 까닭으로 회향하며, 낱낱의 법해에 한량없이 법계와 동등한 청정한 지혜의 광명을 구족하고자 하는 까닭으로 회향하고, 일체 법의 차별된 글귀와 뜻을 널리 펴 설하여 열어 보이고자 하는 까닭으로 회향하며, 가없고 광대한 일체 법의 광명삼매를 성취하고자 하는 까닭으로 회향하고,

欲隨順三世諸佛辯才故 廻向 欲成就去來現在一切佛自在
身故 廻向 爲尊重一切佛可愛樂無障礙法故 廻向 爲滿足
大悲心 救護一切衆生 常無退轉故 廻向 欲成就不思議差
別法無障礙智 心無垢染 諸根清淨 普入一切衆會道場故
廻向 欲於一切若覆若仰 若麤若細 若廣若狹 小大染淨
如是等諸佛國土 常轉平等不退法輪故 廻向 欲於念念中
得無所畏無有窮盡種種辯才 妙法光明 開示演說故 廻向
爲樂求衆善 發心修習

삼세 모든 부처님의 변재를 수순하고자 하는 까닭으로 회향하며, 과거·미래·현재의 일체 부처님의 자재하신 몸을 성취하고자 하는 까닭으로 회향하고, 일체 부처님의 장애가 없는 사랑스럽고 즐거운 법을 존중하기 위한 까닭으로 회향하며, 대비심을 원만히 구족하여 일체 중생을 구제하고 보호하되 항상 퇴전함이 없게 하기 위한 까닭으로 회향하고, 부사의한 차별의 법과 장애가 없는 지혜를 성취하여 마음에 때로 물듦이 없이 모든 근이 청정하여 일체 대중이 모인 도량에 널리 들어가고자 하는 까닭으로 회향하며, 일체 엎어짐과 우러름, 거침과 미세함, 넓음과 좁음, 작음과 큼, 물듦과 깨끗함 이와 같은 등의 모든 불국토에서 항상 물러나지 않는 평등한 법륜을 굴리고자 하는 까닭으로 회향하고, 생각마다 두려움이 없고 다함이 없는 갖가지 변재의 묘한 법의 광명을 얻어서 널리 펴 설하여 열어 보이고자 하는 까닭으로 회향하며, 온갖 착함을 즐거이 구하기 위해 마음을 발하여 닦고 익혀

諸根轉勝 獲一切法大神通智 盡能了知一切諸法故 廻向
欲於一切衆會道場 親近供養 爲一切衆生 演一切法 咸令
歡喜故 廻向 佛子 菩薩摩訶薩 又以此善根 如是廻向 所
謂以住法界無量住廻向 以住法界無量身業廻向 以住法界
無量語業廻向 以住法界無量意業廻向 以住法界無量色平
等廻向 以住法界無量受想行識平等廻向 以住法界無量蘊
平等廻向 以住法界無量界平等廻向 以住法界無量處平等
廻向

모든 근을 더욱 더 뛰어나게 하여서 일체 법에 큰 신통과 지혜를 얻어 일체 모든 법을 모두 밝게 알기 위한 까닭으로 회향하고, 일체 도량에 모인 대중에게 친근히 공양하고 일체 중생을 위하여 일체 법을 널리 펴서 모두 환희하게 하고자 하는 까닭으로 회향합니다.

불자들이여, 보살마하살이 또 이 선근으로써 이와 같이 회향하기를 '법계에 머무름으로써 한량없는 머무름을 회향하고, 법계에 머무름으로써 한량없는 몸의 업을 회향하며, 법계에 머무름으로써 한량없는 말의 업을 회향하고, 법계에 머무름으로써 한량없는 뜻의 업을 회향하며, 법계에 머무름으로써 한량없는 색을 평등하게 회향하고, 법계에 머무름으로써 한량없는 수·상·행·식을 평등하게 회향하며, 법계에 머무름으로써 한량없는 온(蘊)을 평등하게 회향하고, 법계에 머무름으로써 한량없는 계(界)를 평등하게 회향하며, 법계에 머무름으로써 한량없는 처(處)를 평등하게 회향하고,

以住法界無量內平等廻向 以住法界無量外平等廻向 以住
法界無量發起平等廻向 以住法界無量深心平等廻向 以住
法界無量方便平等廻向 以住法界無量信解平等廻向 以住
法界無量諸根平等廻向 以住法界無量初中後際平等廻向
以住法界無量業報平等廻向 以住法界無量染淨平等廻向
以住法界無量衆生平等廻向 以住法界無量佛刹平等廻向
以住法界無量法平等廻向

법계에 머무름으로써 한량없는 안(內)을 평등하게 회향하며, 법계에 머무름으로써 한량없는 밖(外)을 평등하게 회향하고, 법계에 머무름으로써 한량없는 일으킴을 평등하게 회향하며, 법계에 머무름으로써 한량없는 깊은 마음을 평등하게 회향하고, 법계에 머무름으로써 한량없는 방편을 평등하게 회향하며, 법계에 머무름으로써 한량없는 믿는 지혜를 평등하게 회향하고, 법계에 머무름으로써 한량없는 모든 근을 평등하게 회향하며, 법계에 머무름으로써 한량없는 처음과 중간과 나중을 평등하게 회향하고, 법계에 머무름으로써 한량없는 업보를 평등하게 회향하며, 법계에 머무름으로써 한량없는 물듦과 깨끗함을 평등하게 회향하고, 법계에 머무름으로써 한량없는 중생을 평등하게 회향하며, 법계에 머무름으로써 한량없는 부처님세계를 평등하게 회향하고, 법계에 머무름으로써 한량없는 법을 평등하게 회향하며,

以住法界無量世間光明平等廻向　以住法界無量諸佛菩薩
平等廻向　以住法界無量菩薩行願平等廻向　以住法界無量
菩薩出離平等廻向　以住法界無量菩薩教化調伏平等廻向
以住法界無量法界無二平等廻向　以住法界無量如來衆會
道場平等廻向　佛子　菩薩摩訶薩　如是廻向時　安住法界無
量平等淸淨身　安住法界無量平等淸淨語　安住法界無量平
等淸淨心

법계에 머무름으로써 한량없는 세간의 광명을 평등하게 회향하고, 법계에 머무름으로써 한량없는 모든 불보살을 평등하게 회향하며, 법계에 머무름으로써 한량없는 보살의 서원행을 평등하게 회향하고, 법계에 머무름으로써 한량없는 보살의 세간을 벗어남을 평등하게 회향하며, 법계에 머무름으로써 한량없는 보살의 조복시켜 교화함을 평등하게 회향하고, 법계에 머무름으로써 한량없는 법계의 두 가지가 없음을 평등하게 회향하며, 법계에 머무름으로써 한량없는 여래의 도량에 모인 대중을 평등하게 회향한다.'라고 합니다.

불자들이여, 보살마하살이 이와 같이 회향할 때에 법계의 한량없이 평등하고 청정한 몸에 편안히 머물고, 법계의 한량없이 평등하고 청정한 말에 편안히 머물며, 법계의 한량없이 평등하고 청정한 마음에 편안히 머물고,

安住法界無量平等諸菩薩清淨行願 安住法界無量平等清淨衆會道場 安住法界無量平等爲一切菩薩廣說諸法清淨智 安住法界無量平等能入盡法界一切世界身 安住法界無量平等一切法光明淸淨無畏 能以一音 盡斷一切衆生疑網 隨其根欲 皆令歡喜 住於無上一切種智 力無所畏 自在神通 廣大功德出離法中 佛子 是爲菩薩摩訶薩 第十住等法界無量廻向

법계의 한량없이 평등하고 청정한 모든 보살의 서원행에 편안히 머물며, 법계의 한량없이 평등하고 청정한 대중이 모인 도량에 편안히 머물고, 법계가 한량없이 평등하여서 일체 보살에게 모든 법을 널리 퍼 설하는 청정한 지혜에 편안히 머물며, 법계가 한량없이 평등하여서 온 법계의 일체 세계에 들어가는 몸에 편안히 머물고, 법계가 한량없이 평등하여서 일체 법의 광명이 청정하여 두려움 없음에 편안히 머뭅니다.

온통인 음성으로써 일체 중생의 의심의 그물을 모두 끊고, 그 근기와 욕망을 따라서 모두 환희하게 하여 위없는 일체종지와 힘과 두려움 없음과 자재한 신통과 광대한 공덕과 세간을 벗어나는 법 가운데 머뭅니다.

불자들이여, 이것을 보살마하살의 열째 법계와 동등한 한량없는 회향에 머무르는 것이라 합니다.

菩薩摩訶薩 以法施等一切善根 如是廻向時 成滿普賢無
量無邊菩薩行願 悉能嚴淨盡虛空等法界一切佛刹 令一
切衆生 亦得如是 具足成就無邊智慧 了一切法 於念念中
見一切佛 出興於世 於念念中 見一切佛 無量無邊自在力
所謂廣大自在力 無着自在力 無礙自在力 不思議自在力 淨
一切衆生自在力 立一切世界自在力 現不可說語言自在力
隨時應現自在力 住不退轉神通智自在力 演說一切無邊法
界 俾無有餘自在力 出生普賢菩薩無邊際眼自在力 以無礙
耳識

보살마하살이 법을 보시하는 등의 일체 선근으로써 이와 같이 회향할 때에, 보현의 한량없고 끝없는 보살의 서원행을 원만히 이루어 온 허공과 법계와 동등한 일체 부처님세계를 모두 청정하게 장엄하고, 일체 중생으로 하여금 또한 이와 같이 끝없는 지혜를 성취하여 구족하고 일체 법을 알게 하며, 생각마다 일체 부처님께서 세상에 출현하심을 보게 하고, 생각마다 일체 부처님의 한량없고 끝없이 자재한 힘을 보게 하니, 광대하게 자재한 힘과 집착이 없는 자재한 힘과 걸림 없이 자재한 힘과 부사의하게 자재한 힘과 일체 중생을 깨끗하게 하는 자재한 힘과 일체 세계를 세우는 자재한 힘과 불가설 수의 말을 나타내는 자재한 힘과 때를 따라 응하여 나타내는 자재한 힘과 퇴전하지 않는 신통과 지혜에 머무르는 자재한 힘과 일체 끝없는 법계를 널리 펴 설하여 남음이 없게 하는 자재한 힘과 보현보살의 끝없는 눈을 내는 자재한 힘과 걸림 없는 이식(耳識)*으로써

聞持無量諸佛正法自在力 一身 結跏趺坐 周遍十方無量法界 於諸衆生 無所迫隘自在力 以圓滿智 普入三世無量法自在力 又得無量清淨 所謂一切衆生清淨 一切佛刹清淨 一切法清淨 一切處遍知智清淨 遍虛空界無邊智清淨 得一切差別言音智 以種種言音 普應衆生清淨 放無量圓滿光 普照一切無邊世界清淨 出生一切三世菩薩行智清淨 一念中 普入三世一切諸佛衆會道場智清淨 入無邊一切世間 令一切衆生 皆作所應作清淨

한량없는 모든 부처님의 정법을 듣고 지니는 자재한 힘
과 온통인 몸으로 결가부좌를 하고 시방의 한량없는 법
계에 두루 가득하되 모든 중생에게 옹색함이 없는 자재
한 힘과 원만한 지혜로써 삼세의 한량없는 법에 널리 들
어가는 자재한 힘입니다.

　또한 한량없는 청정함을 얻으니, 일체 중생의 청정함
과 일체 부처님세계의 청정함과 일체 법의 청정함과 일
체의 처소를 두루 아는 지혜의 청정함과 허공계에 두루
한 끝없는 지혜의 청정함과 일체 차별한 말의 지혜를 얻
어서 갖가지 말로 중생에게 널리 응하는 청정함과 한량
없이 원만한 광명을 놓아서 가없는 일체 세계를 두루 비
추는 청정함과 일체 삼세의 보살행을 내는 지혜의 청정
함과 온통인 생각 가운데 삼세 일체 모든 부처님의 대중
이 모인 도량에 들어가는 지혜의 청정함과 끝없는 일체
세간에 들어가서 일체 중생으로 하여금 모두 응하게 하
는 청정함입니다.

如是等 皆得具足 皆得成就 皆已修治 皆得平等 皆悉現
前 皆悉知見 皆悉悟入 皆已觀察 皆得淸淨 到於彼岸 爾
時 佛神力故 十方各百萬佛刹微塵數世界 六種震動 所謂
動 遍動 等遍動 起 遍起 等遍起 湧 遍湧 等遍湧 震 遍
震 等遍震 吼 遍吼 等遍吼 擊 遍擊 等遍擊

이와 같은 등을 모두 구족하고, 모두 성취하며, 모두 이미 닦아 다스렸고, 모두 평등함을 얻으며, 모두 목전에 나타나고, 모두 보고 알며, 모두 깨달아 들어가고, 모두 이미 관찰하였으며, 모두 청정함을 얻어서 피안에 이르릅니다."

이때 부처님의 위신력으로 시방의 각각 백만 부처님세계 가는 티끌 수 만큼의 세계가 육종진동하니, 움직임과 두루 움직임과 두루 나란히 움직임이고, 일어남과 두루 일어남과 두루 나란히 일어남이며, 솟아오름과 두루 솟아오름과 두루 나란히 솟아오름이고, 흔들림과 두루 흔들림과 두루 나란히 흔들림이며, 포효하는 것과 두루 포효하는 것과 두루 나란히 포효하는 것이고, 치는 것과 두루 치는 것과 두루 나란히 치는 것이다.

佛神力故 法如是故 雨衆天華 天鬘 天末香 天諸雜香 天
衣服 天珍寶 天莊嚴具 天摩尼寶 天沈水香 天栴檀香 天
上妙蓋 天種種幢 天雜色幡 阿僧祇諸天身 無量百千億不
可說天妙法音 不可思議天讚佛音 阿僧祇天歡喜音 咸稱
善哉 無量阿僧祇百千那由他諸天 恭敬禮拜 無數天子 常
念諸佛 希求如來無量功德 心不捨離

부처님의 위신력인 까닭이고 법이 이러-한 까닭으로,
온갖 천상의 꽃과 천상의 화만과 천상의 가루향과 천상
의 모든 여러가지 향과 천상의 의복과 천상의 진귀한 보
배와 천상의 장엄구와 천상의 마니보배와 천상의 침수향
과 천상의 전단향과 천상의 가장 훌륭한 일산과 천상의
갖가지 당기와 천상의 온갖 색의 번기와 아승기 수의 모
든 천상의 몸이 비 내리듯 하니, 한량없는 백천억 불가설
수의 천상의 묘한 법음과 불가사의한 천상의 부처님을
찬탄하는 음성과 아승기 수의 천상의 환희하는 음성으로
모두 함께 훌륭하다 칭찬하고, 한량없는 아승기 백천 나
유타 수의 모든 천상이 공경히 예배하며, 셀 수 없는 천
자들이 항상 모든 부처님을 생각하여 여래의 한량없는
공덕을 바라고 구하여서 마음에서 여의어 버리지 않고,

無數天子 作衆妓樂 歌詠讚歎 供養如來 百千阿僧祇諸天
放大光明 普照盡虛空遍法界一切佛刹 現無量阿僧祇諸佛
境界 如來化身 出過諸天 如於此世界兜率陀天宮 說如是
法 周遍十方一切世界兜率天宮 悉亦如是 爾時 復以佛神
力故 十方各過百萬佛刹微塵數世界外 各有百萬佛刹微塵
數諸菩薩 而來集會 周遍十方 咸作是言 善哉善哉 佛子
乃能說此諸大廻向

셀 수 없는 천자들이 온갖 기악으로 노래를 읊고 찬탄하여서 여래께 공양하며, 백천 아승기 수의 모든 천상이 큰 광명을 놓아 온 허공과 두루한 법계의 일체 부처님세계를 널리 비추어 한량없는 아승기 수의 모든 부처님 경계에서 모든 천상을 뛰어넘는 여래의 화신을 나타내고, 이 세계의 도솔타천궁에서 이와 같은 법을 설함과 같이 시방에 두루한 일체 세계의 도솔천궁에서도 다 또한 이와 같았다.

이때 다시 부처님의 위신력으로 시방의 각각 백만 부처님세계 가는 티끌 수 만큼의 세계 밖을 지나서 각각 백만 부처님세계 가는 티끌 수 만큼의 모든 보살이 와서 모여 시방에 두루 하였는데 모두 이와 같이 말하였다.

"훌륭하고 훌륭하십니다. 불자여, 이 모든 큰 회향을 잘 설하셨습니다.

佛子 我等 皆同一號 名金剛幢 悉從金剛光世界金剛幢佛
所 來詣此土 彼諸世界 悉以佛神力故 而說是法 衆會眷
屬 文辭句義 皆亦如是 不增不減 我等 皆承佛神力 從彼
土來 爲汝作證 如我來此衆會爲汝作證 十方所有一切世
界兜率天宮寶莊嚴殿 諸菩薩衆 來爲作證 亦復如是

불자여, 우리들은 다 같이 한가지 명호이니 이름이 금강당인데, 모두 금강광세계의 금강당부처님 처소에서 이 국토에 와서 이르렀습니다.

저 모든 세계도 모두 부처님의 위신력으로 이 법을 설하니, 대중모임과 권속들과 글과 구절과 뜻이 다 또한 이와 같아서 더하고 덜함이 없습니다.

우리들이 모두 부처님의 위신력을 받아 이 땅에 와서 그대를 위하여 증명합니다.

우리들이 이 대중모임에 와서 그대를 위하여 증명하듯이 시방에 있는 일체 세계의 도솔천궁의 보장엄전에 모든 보살 대중이 와서 증명함도 또한 이와 같습니다."라고 하였다.

爾時 金剛幢菩薩 承佛神力 觀察十方一切衆會 暨于法界
已 善知文義 增廣大心 大悲普覆一切衆生 繫心安住三世
佛種 善入一切佛功德法 成就諸佛自在之身 觀諸衆生心之
所樂 及其所種一切善根 悉分別知 隨順法身 爲現淸淨妙
色之身 卽於是時而說頌曰

이때 금강당보살이 부처님의 위신력을 받아서 시방의 일체 대중모임과 법계에 이르러 관찰하고는, 글과 뜻을 잘 알아 광대한 마음을 더욱 더하고, 대비로 일체 중생을 두루 감싸서 삼세 부처님의 종자에 마음을 두어 편안히 머물며, 일체 부처님의 공덕의 법에 잘 들어가서 모든 부처님의 자재한 몸을 성취하고, 모든 중생의 마음이 즐거워하는 바와 그 심은 일체 선근을 관하여 모두 분별해 알며, 법신을 수순하여 청정하고 묘한 색의 몸을 나타내고 곧 이때에 게송으로 말하였다.

菩薩成就法智慧
悟解無邊正法門
爲法光明調御師
了知無礙眞實法

菩薩爲法大導師
開示甚深難得法
引導十方無量衆
悉令安住正法中

菩薩已飮佛法海
法雲普雨十方界
法日出現於世間
闡揚妙法利群生

보살이 법의 지혜를 성취하여
끝없는 바른 법문을 깨달아 알고
법 광명의 조어사가 되어서
걸림 없이 참답고 실다운 법을 밝게 아네

보살이 법의 대도사가 되어
얻기 어렵고 심히 깊은 법을 열어 보여
시방의 한량없는 중생을 인도하여서
모두 정법에 편안히 머물게 하네

보살이 부처님 법의 바다를 마시고는
법의 구름으로 시방세계에 널리 비 내리듯 하고
법의 태양으로 세간에 나타나서
묘한 법을 드날려 중생을 이익 되게 하네

常爲難遇法施主
了知入法巧方便
法光淸淨照其心
於世說法恒無畏

善修於法自在心
悉能悟入諸法門
成就甚深妙法海
普爲衆生擊法鼓

宣說甚深希有法
以法長養諸功德
具足淸淨法喜心
示現世間佛法藏

항상 만나기 어려운 법을 보시하는 주인이 되어
법에 들어가는 공교한 방편을 밝게 알고
법의 광명이 청정하게 그 마음을 비추니
세간에서 법을 설하되 항상 두려움이 없네

법에 자재한 마음을 잘 닦아서
모든 법의 문에 다 깨달아 들어가며
심히 깊고 묘한 법해를 성취하여서
널리 중생을 위해 법의 북을 치네

심히 깊고 희유한 법을 널리 펴 설하여
법으로 모든 공덕을 기르며
청정한 법에 환희하는 마음을 구족하여서
세간에 불법의 보배장을 나타내 보이네

諸佛法王所灌頂
成就法性智藏身
悉能解了法實相
安住一切衆善法

菩薩修行第一施
一切如來所讚喜
所作皆蒙佛忍可
以此成就人中尊

菩薩成就妙法身
親從諸佛法化生
爲利衆生作法燈
演說無量最勝法

모든 부처님 법왕께서 관정하여서
법성인 지혜 보배장의 몸을 성취하고
법의 실다운 상을 모두 분명히 깨달아
일체의 온갖 착한 법에 편안히 머무네

보살이 제일의 보시를 닦고 행하여서
일체 여래의 칭찬하고 기뻐하는 바가 되어
부처님의 인가(忍可)를 모두 받아 행하니
이로써 부처〔人中尊〕를 성취하네

보살이 묘한 법신을 성취하여서
친히 모든 불법으로부터 화생하고
중생을 이익 되게 하기 위해 법의 등불이 되어
한량없이 가장 뛰어난 법을 널리 펴 설하네

隨所修行妙法施
則亦觀察彼善根
所作衆善爲衆生
悉以智慧而廻向

所有成佛功德法
悉以廻施諸群生
願令一切皆淸淨
到佛莊嚴之彼岸

十方佛刹無有量
悉具無量大莊嚴
如是莊嚴不可思
盡以莊嚴一國土

곳곳마다 묘한 법보시를 닦아 행하고
또한 저 선근을 관찰하는
지은 바 온갖 착함은 중생을 위함이니
모두 지혜로써 회향함이네

부처를 이루는 모든 공덕의 법을
다 중생에게 회향하여 보시하니
일체로 하여금 모두 청정해지기를 서원하여
부처님의 장엄인 피안에 이르르네

시방의 한량없는 부처님세계에
한량없는 큰 장엄을 다 갖추어
이와 같은 불가사의한 장엄으로
온통인 국토를 모두 장엄하네

如來所有清淨智

願令衆生皆具足

猶如普賢眞佛子

一切功德自莊嚴

成就廣大神通力

往詣世界悉周遍

一切衆生無有餘

皆使修行菩薩道

諸佛如來所開悟

十方無量諸衆生

一切皆令如普賢

具足修行最上行

여래의 모든 청정한 지혜를

중생들로 하여금 모두 구족하게 하여

마치 참다운 부처님의 아들인 보현과 같이

일체 공덕으로 스스로를 장엄하기를 서원하네

광대한 신통력을 성취하니

세계에 이르러 모두 두루 하여

일체 중생을 남음이 없이

모두 보살의 도를 닦고 행하게 하네

모든 부처님 여래께서 깨달으신 바를

시방의 한량없는 모든 중생

일체 모두로 하여금 보현과 같이

가장 위인 행을 닦아 행하여 구족하게 하네

諸佛菩薩所成就
種種差別諸功德
如是功德無有邊
願使衆生悉圓滿

菩薩具足自在力
所應學處皆往學
示現一切大神通
普詣十方無量土

菩薩能於一念頃
覲等衆生無數佛
又復於一毛端中
盡攝諸法皆明見

모든 불보살님이 성취한
갖가지 차별한 모든 공덕
이와 같은 공덕이 끝이 없어
중생들로 하여금 모두 원만하게 되기를 서원하네

보살이 자재한 힘을 구족하여
마땅히 배울 곳에 모두 가서 배우며
일체 큰 신통을 나타내 보이려고
시방의 한량없는 국토에 두루 나아가네

보살이 온통인 생각으로
중생과 같이 셀 수 없는 부처님을 만나 뵙고
또 한 털끝만 한 가운데
모든 법을 다 거두어 모두 밝게 보네

世間衆生無有量
菩薩悉能分別知
諸佛無量等衆生
大心供養咸令盡

種種名香上妙華
衆寶衣裳及幡蓋
分布法界咸充滿
發心普供十方佛

一毛孔中悉明見
不思議數無量佛
一切毛孔皆如是
普禮一切世間燈

세간의 중생이 한량없음을
보살이 모두 분별하여 알고
모든 부처님이 한량없음이 중생들과 같아서
큰마음으로 공양 올림을 모두로 하여금 다하게 하네

갖가지 이름 있는 향과 가장 훌륭한 꽃과
온갖 보배옷과 번기와 일산이
법계에 널리 충만하게 퍼지고
마음을 발하여서 시방의 부처님께 널리 공양 올리네

한 털구멍 가운데
부사의한 수의 한량없는 부처님을 모두 밝게 보고
일체 털구멍에서도 모두 이와 같아서
일체 세간의 등불이신 분께 널리 정례하네

擧身次第恭敬禮
如是無邊諸最勝
亦以言辭普稱讚
窮盡未來一切劫

一如來所供養具
其數無量等衆生
如是供養一如來
一切如來亦復然

供養讚歎諸如來
盡彼世間一切劫
世間劫數可終盡
菩薩供養無休懈

온몸으로 차례로 공경히 정례하고
이와 같이 끝없이 모든 가장 뛰어난 분께
또한 말로써 널리 찬탄하기를
미래의 일체 겁이 다하도록 하네

한 여래 처소의 공양구
한량없는 그 수가 중생과 같으나
이와 같이 한 여래에게 공양 올리듯
일체 여래께도 또한 그러하네

모든 여래께 공양 올리고 찬탄하기를
저 세간의 일체 겁이 다할 때까지 하리니
세간의 겁의 수가 다하여 끝날지라도
보살은 쉬거나 게으름이 없이 공양 올리네

一切世間種種劫
於爾所劫修諸行
恭敬供養一如來
盡一切劫無厭足

如無量劫供一佛
供一切佛皆如是
亦不分別是劫數
於所供養生疲厭

法界廣大無邊際
菩薩觀察悉明了
以大蓮華遍布中
施等衆生無量佛

일체 세간의 갖가지 겁

이와 같은 겁 동안 모든 행을 닦아서

온통인 여래께 공경하여 공양 올리기를

일체의 겁이 다하도록 싫어함이 없네

한량없는 겁 동안 한 부처님께 공양 올리듯이

일체 부처님께 공양 올림도 다 이와 같이 하지만

또한 이 겁의 수를 분별하거나

공양 올림에 피로해 하거나 싫어하지 않네

법계가 광대하여 끝이 없건만

보살이 관찰하여 모두 분명하게 알고

큰 연꽃으로 두루 베풀어서

중생들과 같은 한량없는 부처님께 보시하네

寶華香色皆圓滿
清淨莊嚴甚微妙
一切世間無可喩
持以供養人中尊

衆生數等無量刹
諸妙寶蓋滿其中
悉以供養一如來
供一切佛皆如是

塗香無比最殊勝
一切世間未曾有
以此供養天人師
窮盡衆生數等劫

보배꽃의 향과 색이 모두 원만하고
청정한 장엄으로 심히 미묘하여
일체 세간에서 비유할 수 없는 것으로
부처님〔人中尊〕께 공양 올리네

중생의 수와 같은 한량없는 세계에
모든 묘한 보배 일산을 그 가운데 가득히 해서
한 여래께 모두 공양 올리니
일체 부처님께 공양 올림도 다 이와 같네

바르는 향이 가장 수승하기가 비할 데 없어
일체 세간에 일찍이 없었으니
이것을 부처님〔天人師〕께 공양 올리기를
중생의 수와 같은 겁이 다할 때까지 하네

末香燒香上妙華
衆寶衣服莊嚴具
如是供養諸最勝
歡喜奉事無厭足

等衆生數照世燈
念念成就大菩提
亦以無邊偈稱述
供養人中調御者

如衆生數佛世尊
皆修無上妙供養
如衆生數無量劫
如是讚歎無窮盡

가루향과 태우는 향과 가장 훌륭한 꽃과
온갖 보배의복과 장엄구로
모든 것에서 가장 뛰어나신 분께 이와 같이 공양 올리되
환희하여 받들어 모심에 싫증냄이 없네

중생의 수와 같은 세간을 비추는 등불이
생각마다 대보리를 성취하고
끝없는 게송으로 칭송하여
부처님[人中調御者]께 공양 올리네

중생의 수와 같은 부처님 세존께
모두 위 없음을 닦아 묘한 공양을 올리니
중생의 수와 같은 한량없는 겁 동안
이와 같이 찬탄함이 다함 없네

如是供養諸佛時
以佛神力皆周遍
悉見十方無量佛
安住普賢菩薩行

過去未來及現在
所有一切諸善根
令我常修普賢行
速得安住普賢地

一切如來所知見
世間無量諸衆生
悉願具足普賢行
爲聰慧者所稱讚

이와 같이 모든 부처님께 공양 올릴 때에
부처님의 위신력으로 모두 두루 하여
시방의 한량없는 부처님을 모두 친견하고
보현의 보살행에 편안히 머무르네

과거와 미래와 현재에
있는 일체 모든 선근이
나로 하여금 항상 보현행을 닦게 하고
보현의 지위에 편안히 머물러 속히 얻게 하네

일체 여래께서 알고 보시는
세간의 한량없는 모든 중생이
보현행을 모두 구족하여
부처님〔聰慧者〕의 칭찬을 받기를 서원하네

此是十方諸大士
共所修治廻向行
諸佛如來爲我說
此廻向行最無上

十方世界無有餘
其中一切諸衆生
莫不咸令得開覺
悉使常如普賢行

如其廻向行布施
亦復堅持於禁戒
精進長時無退怯
忍辱柔和心不動

이것이 시방의 모든 보살〔大士〕이
다 같이 닦고 다스리는 회향의 행이고
모든 부처님 여래께서 나를 위해 설하심이니
이것이 가장 위 없는 회향의 행이라네

남음이 없는 시방세계
그 가운데 일체 모든 중생
깨달음을 얻게 하여
항상 모두 보현행과 같게 하네

그 회향과 같이 보시를 행하고
또한 금계를 굳게 지켜서
물러나거나 겁냄이 없이 긴 시간 동안 정진하되
인욕하고 부드럽게 화합하여 마음에 움직임이 없네

禪定持心常一緣
智慧了境同三昧
去來現在皆通達
世間無有得其邊

菩薩身心及語業
如是所作皆清淨
一切修行無有餘
悉與普賢菩薩等

譬如法界無分別
戲論染着皆永盡
亦如涅槃無障礙
心常如是離諸取

선정의 마음을 지녀 항상 온통으로 반연하고
지혜의 경계가 밝음이 삼매와 같으며
과거와 미래와 현재를 다 통달하니
세간에서는 그 끝을 얻을 수 없네

보살의 몸과 마음과 말의 업
이와 같은 지음이 모두 청정하여
남음이 없이 일체를 닦고 행하니
모두 보현보살과 더불어 평등하네

비유하면 법계에는 분별이 없듯이
희론과 물듦과 집착을 모두 영원히 다하고
또한 열반에는 장애함이 없듯이
마음도 항상 이와 같아서 모든 취함을 여의었네

智者所有廻向法
諸佛如來已開示
種種善根悉廻向
是故能成菩薩道

佛子善學此廻向
無量行願悉成滿
攝取法界盡無餘
是故能成善逝力

若欲成就佛所說
菩薩廣大殊勝行
宜應善住此廻向
是諸佛子號普賢

지혜로운 이의 회향하는 모든 법을
모든 부처님 여래께서 이미 열어 보이셔서
갖가지 선근으로 모두 회향하니
이런 까닭에 보살의 도를 이루네

불자들이 이 회향을 잘 배워서
한량없는 서원행을 모두 원만히 이루어
법계를 남음이 없이 다 거두어 들이니
이런 까닭에 부처님〔善逝〕의 힘을 이루네

만약 부처님께서 설하신
보살의 광대하고 수승한 행을 성취하고자 한다면
이 회향에 잘 머물 것이니
이러한 모든 불자를 보현이라 이름하네

一切衆生猶可數
三世心量亦可知
如是普賢諸佛子
功德邊際無能測

一毛度空可得邊
衆刹爲塵可知數
如是大仙諸佛子
所住行願無能量

일체 중생은 가히 셀 수 있고
삼세 마음의 양 또한 알 수 있다 해도
이와 같이 모든 부처님의 아들인 보현의
공덕의 끝은 측량할 수 없네

한 털로 허공을 헤아려 끝을 알 수 있고
온 세계의 티끌을 세어서 알 수 있다 해도
이와 같이 큰 신선인 모든 불자가
머무르는 서원행은 헤아릴 수 없네

농선 대원 선사 결문

농선 대원 선사 결문(決文)

문 : 보현의 이러-한 공덕과 삶의 서원행을 어찌해야 보
　　다 빨리 이루겠습니까?

답 : 뱃고동 소리다.

문 : 모르겠습니다. 다시 일러주십시오.

답 : 거꾸로 소를 타고
　　들어간 궁전이니
　　이룰 것도 없노라

∽ 미주

* 다라니문(陀羅尼門) : 밀교의 수행법 중 하나로 다라니를 염송
  함으로써 수행하는 것을 말한다.
* 선견(善見) : 제석천의 궁전의 이름 또는 제석천왕이 거하는
  곳. 시방세계를 보는 것이 자유자재하여 걸림이 없음을 뜻한다.
* 이식(耳識) : 6식(識)·8식의 하나. 이근(耳根)에 의지하여 소
  리를 지각하여 듣고, 비(悲)·희(喜)·고(苦)·낙(樂) 등을 분별
  하는 정신작용을 말한다.

불조정맥

불조정맥(佛祖正脈)

🪷 인 도

교조 석가모니불 (教祖 釋迦牟尼佛)

1조 마하가섭 (摩訶迦葉)

2조 아난다 (阿難陀)

3조 상나화수 (商那和脩)

4조 우바국다 (優波鞠多)

5조 제다가 (堤多迦)

6조 미차가 (彌遮迦)

7조 바수밀 (婆須密)

8조 불타난제 (佛陀難堤)

9조 복타밀다 (伏馱密多)

10조 파율습박(협) (波栗濕縛, 脇)

11조 부나야사 (富那夜奢)

12조 아나보리(마명) (阿那菩堤, 馬鳴)

13조 가비마라 (迦毗摩羅)

14조 나가르주나(용수) (那閼羅樹那, 龍樹)

15조 가나제바 (迦那堤波)

16조 라후라타 (羅睺羅陀)

17조 승가난제 (僧伽難提)

18조 가야사다 (迦耶舍多)

19조 구마라다 (鳩摩羅多)

20조 사야다 (闍夜多)

21조 바수반두 (婆修盤頭)

22조 마노라 (摩拏羅)

23조 학륵나 (鶴勒那)

24조 사자보리 (師子菩堤)

25조 바사사다 (婆舍斯多)

26조 불여밀다 (不如密多)

27조 반야다라 (般若多羅)

28조 보리달마 (菩堤達磨)

🪷 중 국

29조 신광 혜가 (2 조 神光 慧可)

30조 감지 승찬 (3 조 鑑智 僧璨)

31조 대의 도신 (4 조 大醫 道信)

32조 대만 홍인 (5 조 大滿 弘忍)

33조 대감 혜능 (6 조 大鑑 慧能)

34조 남악 회양 (7 조 南嶽 懷讓)

35조 마조 도일 (8 조 馬祖 道一)

36조 백장 회해 (9 조 百丈 懷海)

37조 황벽 희운 (10조 黃檗 希雲)

38조 임제 의현 (11조 臨濟 義玄)

39조 흥화 존장 (12조 興化 存獎)

40조 남원 혜옹 (13조 南院 慧顒)

41조 풍혈 연소 (14조 風穴 延沼)

42조 수산 성념 (15조 首山 省念)

43조 분양 선소 (16조 汾陽 善昭)

44조 자명 초원 (17조 慈明 楚圓)

45조 양기 방회 (18조 楊岐 方會)

46조 백운 수단 (19조 白雲 守端)

47조 오조 법연 (20조 五祖 法演)

48조 원오 극근 (21조 圓悟 克勤)

49조 호구 소륭 (22조 虎丘 紹隆)

50조 응암 담화 (23조 應庵 曇華)

51조 밀암 함걸 (24조 密庵 咸傑)

52조 파암 조선 (25조 破庵 祖先)

53조 무준 사범 (26조 無準 師範)

54조 설암 혜랑 (27조 雪岩 慧郎)

55조 급암 종신 (28조 及庵 宗信)

56조 석옥 청공 (29조 石屋 淸珙)

🪷 한 국

57조 태고 보우 (1 조 太古 普愚)

58조 환암 혼수 (2 조 幻庵 混脩)

59조 구곡 각운 (3 조 龜谷 覺雲)

60조 벽계 정심 (4 조 碧溪 淨心)

61조 벽송 지엄 (5 조 碧松 智儼)

62조 부용 영관 (6 조 芙蓉 靈觀)

63조 청허 휴정 (7 조 淸虛 休靜)

64조 편양 언기 (8 조 鞭羊 彦機)

65조 풍담 의심 (9 조 楓潭 義諶)

66조 월담 설제 (10조 月潭 雪霽)

67조 환성 지안 (11조 喚醒 志安)

68조 호암 체정 (12조 虎巖 體淨)

69조 청봉 거안 (13조 靑峰 巨岸)

70조 율봉 청고 (14조 栗峰 靑杲)

71조 금허 법첨 (15조 錦虛 法沾)

72조 용암 혜언 (16조 龍巖 慧言)

73조 영월 봉율 (17조 詠月 奉律)

74조 만화 보선 (18조 萬化 普善)

75조 경허 성우 (19조 鏡虛 惺牛)

76조 만공 월면 (20조 滿空 月面)

77조 전강 영신 (21조 田岡 永信)

78대 농선 대원 (22대 弄禪 大圓)

부록 2

농선 대원 선사님
인가 내력

농선 대원 선사님 인가 내력

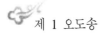제 1 오도송

이 몸을 끄는 놈 이 무슨 물건인가?
골똘히 생각한 지 서너 해 되던 때에
쉬이하고 불어온 솔바람 한 소리에
홀연히 대장부의 큰 일을 마치었네

무엇이 하늘이고 무엇이 땅이런가
이 몸이 청정하여 이러-히 가없어라
안팎 중간 없는 데서 이러-히 응하니
취하고 버림이란 애당초 없다네

하루 온종일 시간이 다하도록
헤아리고 분별한 그 모든 생각들이

옛 부처 나기 전의 오묘한 소식임을
듣고서 의심 않고 믿을 이 누구인가!

此身運轉是何物
疑端汨沒三夏來
松頭吹風其一聲
忽然大事一時了

何謂靑天何謂地
當體淸淨無邊外
無內外中應如是
小分取捨全然無

一日於十有二時
悉皆思量之分別
古佛未生前消息
聞者卽信不疑誰

　농선 대원 선사님의 스승이신 불조정맥 제77조 조계종(曹溪宗) 전
강(田岡) 대선사님께서 1962년 대구 동화사의 조실로 계실 당시 농
선 대원 선사님께서도 동화사에 함께 머무르고 계셨다.
　하루는, 전강 대선사님께서 대원 선사님의 3연으로 되어 있는 제
1오도송을 들어 깨달은 바는 분명하나 대개 오도송은 짧게 짓는다

고 말씀하셨다. 이에 대원 선사님께서는 제1오도송을 읊은 뒤, 도솔암을 떠나 김제들을 지나다가 석양의 해와 달을 보고 문득 읊었던 제2오도송을 일러드렸다.

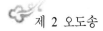
제 2 오도송

해는 서산 달은 동산 덩실하게 얹혀 있고
김제의 평야에는 가을빛이 가득하네
대천이란 이름자도 서지를 못하는데
석양의 마을길엔 사람들 오고 가네

日月兩嶺載同模
金提平野滿秋色
不立大千之名字
夕陽道路人去來

제2오도송을 들으신 전강 대선사님께서는 이에 그치지 않고 그와 같은 경지를 담은 게송을 이 자리에서 즉시 한 수 지어볼 수 있겠냐고 하셨다. 대원 선사님께서는 곧바로 다음과 같이 읊으셨다.

바위 위에는 솔바람이 있고

산 아래에는 황조가 날도다
대천도 흔적조차 없는데
달밤에 원숭이가 어지러이 우는구나

岩上在松風
山下飛黃鳥
大千無痕迹
月夜亂猿啼

　전강 대선사님께서는 위 송의 앞의 두 구를 들으실 때만 해도 지
그시 눈을 감고 계시다가 뒤의 두 구를 마저 채우자 문득 눈을 뜨
고 기뻐하는 빛이 역력하셨다.
　그러나 전강 대선사님께서는 여기에서도 그치지 않고 다시 한 번
물으셨다.
　"대중들이 자네를 산으로 불러내고 그중에 법성(향곡 스님 법제자
인 진제 스님. 동화사 선방에 있을 당시에 '법성'이라 불렸고, 나중에 '법
원'으로 개명하였다.)이 달마불식(達磨不識) 도리를 일러보라 했을 때
'드러났다'라고 답했다는데, 만약에 자네가 당시의 양무제였다면
'모르오'라고 이르고 있는 달마 대사에게 어떻게 했겠는가?"
　대원 선사님께서 답하셨다.
　"제가 양무제였다면 '성인이라 함도 서지 못하나 이러-히 짐의
덕화와 함께 어우러짐이 더욱 좋지 않겠습니까?' 하며 달마 대사의

손을 잡아 일으켰을 것입니다."

전강 대선사님께서 탄복하며 말씀하셨다.

"어느새 그 경지에 이르렀는가?"

"이르렀다곤들 어찌 하며, 갖추었다곤들 어찌 하며, 본래라곤들 어찌 하리까? 오직 이러-할 뿐인데 말입니다."

대원 선사님께서 연이어 말씀하시자 전강 대선사님께서 이에 환희하시니 두 분이 어우러진 자리가 백아가 종자기를 만난 듯, 고수 명창 어울리듯 화기애애하셨다.

달마불식 공안에 대한 위의 문답은 내력이 있는 것이다. 전강 대선사님께서 대원 선사님을 부르기 며칠 전에, 저녁 입선 시간 중에 노장님 몇 분만이 자리에 앉아있을 뿐 자리가 텅텅 비어 있었다고 한다.

대원 선사님께서 이상히 여기고 있던 중, 밖에서 한 젊은 수좌가 대원 선사님을 불렀다. 그 수좌의 말이 스님들이 모두 윗산에 모여 기다리고 있으니 가자고 하기에 무슨 일인가 하고 따라가셨다.

그러자 그 자리에 있던 법성 스님이 보자마자 달마불식 법문을 들고 이르라고 하기에 지체없이 답하셨다.

"드러났다."

곁에 계시던 송암 스님께서 또 안수정등 법문을 들고 물으셨다.

"여기서 어떻게 살아나겠소?"

대뜸 큰소리로 이르셨다.

"안·수·정·등."

이에 좌우에 모인 스님들이 함구무언(緘口無言)인지라 대원 선사님께서는 먼저 그 자리를 떠나 내려와 버리셨다.

그 다음날 입승인 명허 스님께서 아침 공양이 끝난 자리에서 지난 밤 입선시간 중에 무단으로 자리를 비운 까닭을 묻는 대중 공사를 붙여 산 중에서 있었던 일들이 낱낱이 드러나고 말았다. 그리하여 입선시간 중에 자리를 비운 스님들은 가사 장삼을 수하고 조실인 전강 대선사님께 참회의 절을 했던 일이 있었다.

전강 대선사님께서는 이때에 대원 선사님께서 달마불식 도리에 대해 일렀던 경지를 점검하셨던 것이다.

이런 철저한 검증의 자리가 있었던 다음 날, 전강 대선사님께서 부르시기에 대원 선사님께서 가보니 주지인 월산(月山) 스님께서 모든 것이 약조된 데에서 입회해 계셨으며 전강 대선사님께서는 곧바로 다음과 같이 전법게(傳法偈)를 전해주셨다.

 전 법 게

부처와 조사도 일찍이 전한 것이 아니거늘
나 또한 어찌 받았다 하며 준다 할 것인가
이 법이 2천년대에 이르러서
널리 천하 사람을 제도하리라

佛祖未曾傳
我亦何受授
此法二千年
廣度天下人

덧붙여 이 일은 월산 스님이 증인이며 2000년까지 세 사람 모두
절대 다른 사람이 알게 하거나 눈에 띄게 하지 않아야 한다고 당
부하셨다.

만약 그러지 않을 시에는 대원 선사님께서 법을 펴 나가는데 장
애가 있을 것이라고 예언하셨다. 또한 각별히 신변을 조심하라 하
시고 월산 스님에게 명령해 대원 선사님을 동화사의 포교당인 보
현사에 내려가 교화에 힘쓰게 하셨다.

대원 선사님께서 보현사로 떠나는 날, 전강 대선사님께서는 미리
적어두셨던 부송(付頌)을 주셨으니 다음과 같다.

 부 송

어상을 내리지 않고 이러-히 대한다 함이여
뒷날 돌아이가 구멍 없는 피리를 불리니
이로부터 불법이 천하에 가득하리라

不下御床對如是
後日石兒吹無孔
自此佛法滿天下

위의 송의 '어상을 내리지 않고 이러-히 대한다 함이여'라는 첫째
줄 역시 내력이 있는 구절이다.

전에 대원 선사님께서 전강 대선사님을 군산 은적사에서 모시고
계실 당시 마당에서 홀연히 마주쳤을 때 다음과 같은 문답이 있었
다.

전강 대선사님께서 물으셨다.

"공적(空寂)의 영지(靈知)를 이르게."

대원 선사님께서 대답하셨다.

"이러-히 스님과 대담(對談)합니다."

"영지의 공적을 이르게."

"스님과의 대담에 이러-합니다."

"어떤 것이 이러-히 대담하는 경지인가?"

"명왕(明王)은 어상(御床)을 내리지 않고 천하 일에 밝습니다."

위와 같은 문답 중에 대원 선사님께서 답하신 경지를 부송의 첫
째 줄에 담으신 것이다.

전강 대선사님께서 대원 선사님을 인가(印可)하신 과정을 볼 때
한 번, 두 번, 세 번을 확인하여 철저히 점검하신 명안종사의 안목

에 탄복하지 않을 수 없으며 이에 끝까지 1초의 머뭇거림도 없이 명철하셨던 대원 선사님께 찬탄하지 않을 수 없다.

그리하여 법열로 어우러진 두 분의 자리가 재현된 듯 함께 환희용약하지 않을 수 없다.

이제 전강 대선사님과 약속한 2천년대를 맞이하였으므로 여기에 전법게를 밝힌다.

이로써 경허, 만공, 전강 대선사님으로 내려온 근대 대선지식의 정법의 횃불이 이 시대에 이어져 전강 대선사님의 예언대로 불법이 천하에 가득할 것이다.

21세기에
인류가 해야 할 일

21세기에 인류가 해야 할 일

이 사람은 1962년 26세 때부터 21세기에 인류에게 닥칠 공해문제, 에너지문제를 예견하고 대체에너지(무한원동기, 태양력, 파력, 풍력 등) 개발과 '울 안의 농법'을 연구하고 그 필요성을 많은 이들에게 이야기해 왔습니다.

당시에는 너무 시대를 앞서가는 이야기여서인지 일반인들이 수용하지 못하고 오히려 불신의 눈으로 바라보며 이 사람의 법마저 의심하였습니다. 하지만 현대에 있어서는 이것이 인류가 해결해야 할 가장 절박한 사안이 되어 있습니다.

'사막화방지 국제연대'를 설립한 것도 현재 인류가 해결해야 할 가장 절박한 지구환경문제를 이슈화시키고 그 해결책을 제시하여 재앙에 직면한 지구촌을 살리기 위해서입니다.

'사막화방지 국제연대'에서 추진하고 있는 사막화 방지, 지구 초원화, 대체에너지 개발은 온 인류가 발 벗고 나서서 해야 할 일입니다.

첫째 사막화 방지에 있어서 기존에 해왔던 '나무심기 사업'은 천문학적인 예산과 많은 인력을 동원하고도 극도로 황폐한 사막화된 환경을 되살리는 데 실패하였습니다.

그래서 이 사람은 사막화 방지에 있어서는 '사막 해수로 사업'을 새로운 방안으로 제시하였습니다.

사막 해수로 사업은 사막화된 지역에 수도관을 매설하여 바닷물을 끌어들여서 염분에 강한 식물을 중심으로 자연생태계를 복원하는 사업입니다.

이것은 나무심기 사업으로 심은 나무들이 절대적으로 물이 부족하여 생존할 수 없었던 문제를 해결할 수 있는, 현재로서는 유일한 해결책입니다.

그러나 '사막화방지 국제연대'의 목적은 사막이 확장되는 것을 방지하자는 것이지 사막 전체를 완전히 없애자는 것은 아닙니다. 인체에서 심장이 모든 피를 전신의 구석구석까지 골고루 보내어 살아서 활동하게 하듯이 사막은 오히려 지구의 심장 역할을 하는 중요한 곳이기 때문입니다.

그래서 21세기에 있어서는 다만 사막의 확장을 방지할 뿐 아니라 사막을 어떻게 운용하느냐를 연구해야 합니다.

사막에 바둑판처럼 사방이 막힌 플륨관 수로를 설치하여 동, 서, 남, 북 어느 방향의 수로를 얼마만큼 채우느냐 비우느냐에 따라, 사막으로부터 사방 어느 방향으로든 거리까지 조절하여, 원하는 지역에 비를 내리게 하고 그치게 할 수 있습니다. 철저히 과학적인

데이터에 의해 이렇게 사막을 운용함으로써 21세기의 지구를 풍요로운 낙원시대로 만들어가야 합니다.

둘째로 지구를 초원화할 수 있는 방안으로서 3년간의 실험을 통해, 광활한 황무지 지역을 큰 비용을 들이거나 많은 인력을 동원하지 않고도 짧은 시간 내에 초지로 바꿀 수 있는 식물을 찾아냈습니다.

그것은 바로 '돌나물'입니다. 돌나물은 따로 종자를 심을 필요가 없이 헬리콥터나 비행기로 살포해도 생존, 번식할 수 있으며, 추위와 더위, 황폐한 땅에서도 살아남을 수 있는 생명력과 번식력이 강한 식물입니다.

지구환경을 되살리는 초지조성 사업에 있어서 이것이 큰 도움이 되리라 생각합니다.

셋째의 대체에너지 개발에 있어서는 태양력, 파력, 풍력 등 1962년도부터 이 사람이 연구하고 얘기해왔던 방법들이 이미 많이 개발되어 실용화한 단계에 있습니다.

이 세 가지 일은 한 개인이나 한 국가가 할 수 있는 일이 아닙니다. 모든 국가가 앞장서서 전 세계적인 사업으로 이루어져야 합니다. 모든 국가가 함께 한 기금조성이 이루어져야 하고 기금조성에 참여한 국가는 이 시스템에 의한 전면적인 혜택을 입을 수 있도록 해야 합니다.

인류 모두가 지혜를 모아 이 일에 전력을 다한다면 인류는 유사 이래 가장 좋은 시절을 맞이하게 될 것이며, 만약 이 일을 남의 일인 양 외면한다면 극한의 재앙을 면할 수 없을 것입니다.

이 사람이 오래 전부터 얘기해왔던 '울 안의 농법'은 이미 미국 라스베이거스(Las Vegas)에서 30층짜리 '고층 빌딩 농장'으로 구현되었습니다. 그렇게 크게도 운영될 수 있지만 각자 자신의 집에서 이루어지는 '울 안의 농법'도 필요합니다.

21세기에 있어서 또 하나 인류가 만일의 사태를 대비해서 연구, 추진해야 될 일이 있다면 바닷속에서의 수중생활, 수중경작입니다.

지구가 심하게 온난화될 경우, 공기가 너무 많이 오염될 경우, 바닷물이 높아져 살 땅이 좁아질 경우 등에 대비할 때, 인류는 우주에서의 삶보다는 바닷속에서의 삶을 준비해야 합니다. 왜냐하면 그것이 훨씬 수월하고 비용도 절감할 수 있기 때문입니다.

이렇게 깨달은 이는 이변적으로는 깨달음을 얻게 하여 영생불멸의 삶을 영위할 수 있도록 만인을 이끌어야 하며 사변적으로는 일반인이 예측할 수 없는 백 년, 천 년 앞을 내다보아 이를 미리 앞서 대비하도록 만인의 삶을 이끌어줘야 한다고 생각합니다.

불법의 뜻은 다만 진리 전수에만 있는 것이 아니니, 만인이 서로 함께 영원한 극락을 누릴 때까지 물심양면으로, 이사일여로 베풀어 교화해야 하기 때문입니다.

가슴으로 부르는
불심의 노래

여기에 실린 것들은 모두 농선 대원 선사님
께서 직접 작사하신 곡들이다.
　수행의 길로 들어서게끔 신심, 발심을 북돋
아주는 곡으로부터 수행의 길로 접어든 이의
구도의 몸부림이 담겨있는 곡, 대승의 원력을
발해서 교화하는 보살의 자비심과 함께 낙원
세계를 누리는 풍류를 그려놓은 곡까지 가사
한마디, 한마디가 생생하여 그 뜻이 뼛속 깊이
새겨지고 그 멋에 흠뻑 취하게 된다.
　농선 대원 선사님께서는 거칠고 말초적인
요즘의 노래를 듣고 이러한 정서를 순화시키
고자, 또한 수행의 마음을 진작시키고자 하는
뜻에서 이 곡들을 작사하셨다.

🪷 가슴으로 부르는 불심의 노래 - 가사 목록

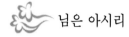 님은 아시리

1 부

1. 사계절의 풍광인들 위로되겠니
서사시의 음률인들 쉬어지겠니
뜻과 같이 되지 않아 기도에 젖은
이 마음 님은 아시리
한 세상 열정 쏟아 닦는 수행길
불보살님 출현하서 베푼 자비에
모든 망상, 모든 번뇌 없었으면 좋으련만
마음대로 안 되는 게 수행이더라, 수행이더라

2. 사계절의 풍광인들 위로되겠니
서사시의 음률인들 쉬어지겠니
뜻과 같이 되지 않아 기도에 젖은
이 마음 님은 아시리
청춘의 모든 욕망 사뤄버리고
회광반조 촌각 아낀 열정 쏟아서
이룬 선정 그 효력이 있었으면 좋으련만
마음대로 안 되는 게 보림이더라, 보림이더라

3. 사계절의 풍광인들 위로되겠니
서사시의 음률인들 쉬어지겠니
뜻과 같이 되지 않아 기도에 젖은
이 마음 님은 아시리
억겁의 모든 습성 꺾어보려고
갖은 노력 갖은 인내 온통 쏟아서
세월 잊은 보림 성취 있었으면 좋으련만
마음대로 안 되는 게 성불이더라, 성불이더라

2 부

1. 사계절의 풍광인들 비유되겠니
가릉빈가 음률인들 비교되겠니
뜻과 같이 자유자재 베풀어놓고
한없이 즐기시련만
그러한 대자유의 삶을 접고서
중생들을 구제하려 삼도에 출현
갖은 역경 어려움을 감내하는 자비로써
깨워주는 그 진리에 눈을 뜨거라, 눈을 뜨거라

2. 사계절의 풍광인들 비유되겠니
가릉빈가 음률인들 비교되겠니
뜻과 같이 자유자재 베풀어놓고
한없이 즐기시련만
억겁을 다하여도 끝이 없을 걸
알면서도 해내겠다 나선 님의 길
가시밭길 험난해도 일관하신 그 자비에
구류중생 깨달아서 정토 이루리, 정토 이루리

3. 사계절의 풍광인들 비유되겠니
가릉빈가 음률인들 비교되겠니
뜻과 같이 자유자재 베풀어놓고
한없이 즐기시련만
낙원의 모든 즐김 떨쳐버리고
삼악도를 낙원으로 이뤄놓겠다
촌각 아낀 그 열정에 모두 모두 감화되어
이 땅 위에 님의 소원 이뤄지리라, 이뤄지리라

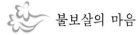 ## 불보살의 마음

1. 자비, 그 자비는 눈물이었네
불나방이 불을 쫓듯 가는 이
그래도 못 잊어서 버리지 못해
저리는 저리는 가슴, 그 가슴 안고서
눈물, 피눈물로 저리 부르네

2. 자비, 그 자비는 눈물이었네
제 살 길을 저버리는 이들을
그래도 못 잊어서 버리지 못해
저리는 저리는 가슴, 그 가슴 안고서
눈물, 피눈물로 저리 부르네

 ## 나의 노래

1. 노세 노세 봄놀이하세
대천세계 이 봄 경치
한산 습득 친구삼아
호연지기 즐겨볼까
얼씨구나 절씨구
아니나 즐기고 무엇하리

2. 노세 노세 봄놀이하세
걸음 쫓아 이른 곳곳
문수보현 벗을 삼아
화엄광장 춤춰볼까
얼씨구나 절씨구
아니나 즐기고 무엇하리

잘 사는 게 불법일세

1. 잘 사는 게 불법일세
우리 모두 관음보살 지장보살 생활 속에
모시면서
마음 비운 나날들로 바른 삶을 하노라면
불보살님 가피 속에 뜻 이뤄서 꽃을 피운
그런 날이 있을 걸세

2. 잘 사는 게 불법일세
우리 모두 관음보살 지장보살 생활 속에
모시면서
마음 비워 살아가며 시시때때 잊지 않고
참나 찾아 참구하는 그 정성도 함께하면
좋은 소식 있을 걸세

3. 잘 사는 게 불법일세
우리 모두 관음보살 지장보살 생활 속에
모시면서
틈틈으로 회광반조 사색으로 참나 깨쳐
화장세계 장엄하고 얼쉬얼쉬 어울리며
영원토록 웃고 사세

 ## 선 승

토함산 소나무 위에 달빛도 조는데
단잠을 잊은 채 장승처럼 앉아있는
깊은 밤 선승의 그윽한 눈빛
고요마저 서지 못한 선정이라
대천도 흔적 없고 허공계도 머물 수 없는
수정 같은 광명이여, 화엄의 세계로세

 우리 모두

우리 모두 만난 인생 즐겁게 살자
부딪치는 세상만사 웃으며 하자
인연으로 어우러진 세상사이니
풀어가는 삶이어야 하지 않겠니

몸종 노릇 하는 사이 맘 챙겨 살자
맑고 맑은 가을 허공 그렇게 비워
명상으로 정신세계 사무쳐보자
언젠가는 깨쳐 웃는 그날이 오리

한산 습득 껄껄 웃는 그러한 웃음
웃어가며 모든 일을 대하는 날로
활짝 펼쳐 어우러진 그러한 삶을
우리 모두 발원하며 즐겁게 살자

 마음이 나로세

본래 마음이 나이건만
몸이 내가 된 삶이 되어
갖은 고통이 따랐다네

맘이 내가 된 삶으로서
갖은 고통이 없는 삶을
우리 누리고 살아보세

이리 쉽고도 쉬운 일을
어찌 등 돌린 삶으로서
고통 속에서 헤매는고

마음 수행을 모두 하여
나고 죽음이 없음으로
태평 세월을 누려보세

거룩한 만남

불법을 만난 건 행운 중 행운이고 내 생의 정점일세
거룩한 이 법을 만나는 사람이면 서로가 권하고 권을 하여
함께 하는 일상의 수행이 되어서 다 같이 누리는 낙원 이뤄
고통과 생사는 오간 데 없고 웃음과 평온만 넘치고 넘쳐
길이길이 끝이 없는 복락 누리세

여래의 큰 은혜 순간인들 잊으랴 수행해 크게 깨쳐
구제를 다함만 큰 은혜 갚음이니 노력과 실천 다해
우리 모두 씩씩한 낙원의 역군이 되어 봉화적인 이생의 삶
으로써
최선을 다하여 부끄럼 없는 대장부로, 은혜 갚는 장부로
길이길이 끝이 없는 복락 누리세

사람다운 삶

1. 사람이 사람다운 사람이 되려면
명상으로 비우고 비워서
고요의 극치에 이르러
자신을 발견한 슬기로써
마음을 다스리는 연마 후에
그 능력으로 모두가 살아가야
평화로운 세상이 활짝 열려
모두 함께 누릴 걸세

2. 서로가 다툼 없이 서로를 아껴서
마음으로 베풀고 베푸는
사회로 이루어 간다면
낙원이 멀리만 있는 것이 아니라
살고 있는 이대로가 낙원이란 걸
모두가 실감하는
우리들의 세상이 활짝 열려
모두 함께 누릴 걸세

 즐거운 마음

1. 우리 모두 선택받은 제자 되어
즐거운 맘 하나 되어 축하합니다
그 무엇을 이룬들 이리 좋으며
황금보석 선물인들 이만하리까
부처님의 가르침만 따르오리다
실천하리라 실천하리라

2. 부처님의 뒤 이을 걸 맹세하며
다짐으로 즐기는 맘 가득합니다
당당하게 행보하는 구세의 역군
혼신 다해 낙원 이룬 이 세계에서
함께 사는 즐거움을 생각하며
노래합니다 노래합니다

 사는 목적

우리 모두 행복을 찾아 영원을 찾아
내면 향해 비춰보는 명상으로
앉으나 서나 일을 하나 최선을 다하세
하루의 해가 서산을 붉게 물들이고
합장 기도하여 또 다짐과 맹서의 말
뜻 이루어 이 세상의 빛이 돼서
구류를 생사 고해에서 구제하는 사람으로
영원히 영원히 살 것입니다

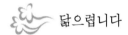 바른 삶 1

우리 삶을 두고서 허무하다 누가 말했나
본래 마음이 나 아닌가
그 마음 나를 삼아 살면 되지
지금도 늦지 않네 우리 모두
오늘부터 모두들 마음으로 나를 삼아
길이길이 웃고들 사세

 바른 삶 2

1. 어디어디 어디라 해도
마음 찾아 바로만 살면
그곳 바로 극락이라네
세상분들 귀담아듣고
사람 몸을 가졌을 때에
모든 고비 극복해내서
참선으로 참나를 깨쳐
걸림 없는 해탈의 세상
누려보세 누려들 보세

2. 어두운 곳 태양이 뜨듯
중생계에 불타 출현해
바른 삶으로 인도하셔
복된 날을 기약케 하니
아니아니 좋고 좋은가
이 몸 주인 통쾌히 깨쳐
억겁 업을 말끔히 씻고
걸림 없는 해탈의 세상
누려보세 누려들 보세

닮으렵니다

관세음보살 관세음보살
지극한 마음으로 닮으려고
오늘도 노력하며 주어진 일을 하면
하루가 훌쩍 가는 줄도 모른다오
관세음 관세음보살
님께서 베푸는 그 넓은 사랑을
이 맘 속에 기르고 길러서
실천하는 그런 장부 되어서
큰 은혜 갚을 겁니다

수행과 깨침

1. 그릴 수도 없는 마음, 만질 수도 없는 마음
찾으려는 수행이라 모든 것을 다 버리고
모든 생각 비우기를 몇천 번이었던가
머리 터져 피 흘려도 멈출 수가 없는 공부
이 공부가 아니던가

2. 놓지 못해 우두커니 장승처럼 뭐꼬 하고 앉았는데
앞뒤 없어 몸마저도 공해버린 여기에서 이러-한 채
시간 간 줄 모른 채로 눈을 감고 얼마간을 지나던 중
한 때 홀연 큰 웃음에 화장계일세

걱정 말라

1. 걱정 말라 걱정을 말라 불보살님 말씀대로만 행한다면
안 풀리는 일 없다 하지 않았던가
육근으로 보시를 하며 웃고 살자 웃고들 살자
백년 미만 우리네 인생, 세상 만사 마음먹기 달렸다고
일러주시지 않았던가 걱정을 말라

2. 이리 봐도 저리를 봐도 모두모두 내 살림일세
간섭할 수 없는 내 살림 아니아니 그러한가
이리 펼치고 저리 펼쳐 육문으로 지은 복덕
베푸는 맛이 아니 좋은가 우리 사는 지구인 별 함께 가꿔
낙원으로 만들어서 살아들 보세

정한 일일세

우리네 삶이란 것
풀끝 이슬 아니던가
서로서로 위로하고 아끼면서
우리 모두 착한 삶이
이어져 가노라면
언젠가는 행복한
그날이 우리에게
찾아오는 것 정한 일일세
찾아오는 것 정한 일일세

여기가 낙원

참나 찾아 영원을 향해
한눈 안 팔고 노력하고
가정 위해 사회를 위해
뛰고 뛰고 혼신을 다한
나의 노력 결실이 되어
일상에서 누리는 나날
선 자리가 낙원이 되니
초목들도 어깨 춤추고
산새들도 축하를 하네

 따르럽니다

1. 우리 모두 합장 공경 하옵니다
크고 작은 근심 걱정 씻어주려
우릴 찾아 오셨으니 감사합니다 고맙습니다

2. 우리 모두 손에 손을 맞잡고서
즐거웁게 노래하고 춤을 추며
우리에게 오신 님을 경하합니다 축하합니다

3. 우리들의 깊은 잠을 깨워주셔
영생불멸 낙원의 삶 누리게끔
해주시려 오신 님을 공경합니다 따르렵니다

 지장보살

지장보살 두 눈의 흐르는 눈물
마르실 날 언제일까 생각하고 또 생각해도
이 세상의 사람들이 멀어지게만 하고 있네요
보살님 어찌해야 하오리까
반야의 실천으로 최선 다해 돕는다면
안 되는 일 있으리까
대원본존 지장보살 나무 지장보살
얼씨구나 절씨구나 한 판 놀음 덩실덩실 살
아들 보세

 옛 고향

고향 옛 고향이 그리워 거니는 산책에
고요한 달빛 휘영청 밝고 밤새는
그 무슨 생각에 저리 부르는 노래인데
숲 타고 온 석종소리에 열리는 옛 내 고향
그리도 캄캄하던 생각들은 흔적도 없고
고요한 마음 옛 고향 털끝만큼도
가리운 것이란 없었는데
어찌해 그 무엇에 어두웠던고 고향길 옛 내 고향
나는 따르리라 끝없는 일이라 하여도
님 하신 구제 고난과 역경
그 어떤 어려움 닥쳐도
님 하시는 일이라면 멈추는 일 없을 것일세
이것만이 보은이라네 보은이라네

 곰탱이

곰탱이 곰탱이 미련 곰탱이
세상 사람 요구 따라 다 들어준
사람더러 곰탱이라네
요구 따라 따지지 않고
들어주기 바쁜 이를 놀려대며 하는 말
곰탱이 곰탱이 미련 곰탱아
그리 살다간 끝내 빌어먹을 쪽박마저
없겠구나 미련 곰탱아
그래도 덩실덩실 추는 춤을
보며 깔깔 웃는 사람들아
웃는 자신 모르니 서글퍼 내 하는 말
한 판의 꿈속이라 천금만금 쓸데없네
깔깔 웃는 그 실체를 자신 삼아 사는 삶이 되길
바라고 바라는 곰탱이 춤이로세

나는 바보

나는 바보다 나는 바보야
역지사지 알다보니 바보가 되었네
그렇지만 내 주위는 언제나 웃음이 있고
나눔이 있어 행복하다네
나는 나는 그런 바보야
나는 나는 그런 바보야

미련 곰탱이

나는 나를 모르는 곰탱이 곰탱이 미련 곰탱이
나라는 나를 보고 듣는 그거라고 보여주듯 일러줌에
동문서답 일관하는 곰탱이 곰탱이 미련 곰탱이
그러므로 성현들의 천하태평 무릉도원 못 누리고
고생고생 살아가는 곰탱이 곰탱이 미련 곰탱이
그런 삶을 면하려면 나라는 나를 깨달아라
자상하게 이끈 말씀 이행 못한 곰탱이 곰탱이 미련 곰탱이
귀천 없이 이끌어서 선 자리가 안양낙원 되게 하신
말씀을 이행 못한 곰탱이 곰탱이 미련 곰탱이
궁전 낙을 저버리시고 고행 수도 다하셔서
나란 나를 깨침으로 영생의 낙원으로 이끄셨네
이 기회를 놓친다면 다시 만나기 어려웁고 어려우니
칠야삼경 봉화 같은 그 지혜의 광명 받아
각자 것이 되게 하란 그 말씀을
실행 못한 곰탱이 곰탱이 미련 곰탱이
그 지혜의 이끔 받아 각자 경지 이러-히 되는 날엔
백사 만사 무엇이든 뜻대로 이뤄진다 권한 말씀
실행 못한 곰탱이 곰탱이 미련 곰탱이
눈앞의 그 작은 것 쫓다가 영원한 삶의 낙 놓치지 않으려면
나란 나를 꼭 깨달으란 귀한 말씀
실행 못한 곰탱이 곰탱이 미련 곰탱이
금구 성언 귀담아듣지 않고 흘려듣다간
백 년도 못 채운 후회막심 삶 되리니
새겨듣고 새겨들어 실천하란 그 말씀
실행 못한 곰탱이 곰탱이 미련 곰탱이
실천하여 깨닫고 박장대소 하는 날엔
삼세·성현 모두모두와 곰탱이 곰탱이가
누리 안은 광명 놓네 누리 안은 광명 놓아 삼창을 할 거라네

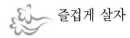 부처님의 말씀

부처님 말씀은 하나하나 자비더라
그러기에 불자들은 온화하고 선하더라
부처님 가르치는 이치는 흐르는 물이고
서늘한 산바람이며 봄꽃 향기요
심금을 울리는 연주요 노래요
포근한 어머니의 사랑이더라
바다처럼 넓고 넓은 자비의 품이더라
포근하고 온화한 그 가르침 하나하나
이치에 어긋남이 없으신 진실이더라
모두모두 다 함께 우리 모두 닮자구요
모두모두 다 함께 우리 모두 닮자구요
모두모두 다 함께 우리 모두 닮자구요
어쩌다 어쩌다 이런 가르침을 만났는지
이 다행 이 요행 헛되이 하지 않아
이 생에 깨달아서 이 크고 큰 은혜
갚는 일에 소홀하지 않으리라
감사합니다 감사합니다 우리 부처님
당신의 후예들마저도 유일하게
전쟁 같은 일들은 일으키지 않습니다
사랑하라 하면서 용서하라 하면서
사람이 사람을 죽이는 일
파리 목숨 취급하듯 하는 일이
있어서야 되겠습니까
혹시라도 이런 일이 종교에 있어서는
절대로 안 되는 일이라 믿습니다
관세음보살 나무아미타불
우리 모두 서로가 서로를 아끼고
사랑합시다 사랑합시다 사랑합시다

 즐겁게 살자

나를 찾아 행복을 찾아
내면 향한 명상으로 비춰보며
오늘도 최선을 다한 하루해가 저가네
노을빛 곱게 물이 들고 내 꿈도 이뤄져간다
생각만 하여도 보람찬 미소를 짓는다
세상만사 별것이더냐
서로서로 도와가며 살면서
틈틈이 내면 향한 명상으로
몸 건강 마음 건강 챙기며 사노라면
참나 깨친 박장대소도 짓고
세상 고별 마음대로 하는 날도 있을 걸세
그런 날을 기대하며 일하고 명상하며
하루하루 즐겁게 살자

🌸 행복이란

즐거웁게 즐겁게
살아가면 좋잖아
한 번뿐인 인생인데
모두 활짝 웃어요
신이 나게 웃어요
행복이란 돈과 직위에
있는 것 아니라네
행복이란 그 어떤 마음으로
사느냐에 있다네
다 같이 다 같이 웃어들 봐요
그 웃음 타고 행복이 오네
짧은 인생살이 이렇게
만들어가며 살아들 보세

🌸 두고두고 할 일

아미타불 사유를 깊이깊이 하여서
하늘땅 생긴 이래 오늘에 이르도록
크나큰 은산철벽 너머 일처럼
까마득히 모르던 나를 깨달았으나
모양 빛깔 없어서 쥐어줄 수도
보여줄 수도 없는 일이라서
입은 옷 뒤집어 보이듯 못하니 한이구나
그러나 보고 듣고 하는 바로 그것이니
마음눈을 활짝 열어 듣는 그곳 향해 살펴봐요, 살펴봐
하늘땅이 간 곳 없고 자신까지 사라진 데서
듣고 아는 그것 내가 아니던가
깊이깊이 참구해서 참나 찾아 결정신을 내리게나
다생겁의 윤회 중에 몸종 노릇 허사란 걸 경험하지 않았던가
그 깨달음에 비추어 세상 일에 응해가며
보림수행하는 일에 방심하지 않아서
구경각을 성취 후에 모든 류를 구제해서
큰 불은 갚음만이 두고두고 할 일일세, 두고두고 할 일일세

🌸 화엄의 세계

1. 각자 마음 깨닫고 봐요
누리 그 모두가 장엄이네 장엄, 빛의 장엄
어느 하나 마음의 장엄 아닌 게 없네, 없어
다함 없고 끝이 없는 보고 듣는 마음 하나 바로 쓰면
이대로가 무릉도원 화엄의 세계로세

2. 보고 듣고 느끼고 생각하는
그 모든 것 장엄이네 장엄, 빛의 장엄
어느 하나 빛의 장엄 아닌 게 없네, 없어
다함 없고 끝이 없는 보고 듣는 마음 하나 바로 쓰면
이대로가 화장세계 장엄의 세계로세

일체유심조

듣는 나를 내가 보니
바탕 없는 그 몸에

갖은 묘용 지녀 있어
오고 감은 물론이요

일체 모두 지어내고
그걸 또한 응용하여

자유자재 그 능력
못하는 것 하나 없네

온 누리에 펼쳐놓고
어울려 누려사세

이리 좋은 자기능력
전혀 몰라 헤매이는

세상 사람 갖은 고통
몸종 노릇 결과이니

마음 나된 삶으로써
억겁 굴레 벗어나서

맘이 지닌 능력회복
한시 빨리 이루어서

영원한 본래 삶을
같이 누려 살아 가세

(아리랑후렴)

함께 이뤄 누립시다
함께 이뤄 누립시다

어화둥둥 좋고 좋아
얼씨구나 좋고 좋다

이 마음이 내가 된 삶
이렇게도 상상밖에

달라질 수 있을까-
너무나도 달라져서

내자신이 놀라웁고
놀라워서 뭐라못해

조용하고 차분함 속
이 즐거움 말로 못해

온 누리를 선 자리서
볼 수 있는 능력이여

과거일을 알 수 있고
미래일을 예감하는

지혜능력 갖춰있어
실수란 것 없는 삶-

꿈 세계도 창조하는
모두 지닌 능력이니

뜻 있으면 가능하니
이 아니 전능한가

(아리랑 후렴)

전능으로 베풀어서
모두 함께 즐겨가며

후세들을 깨우는 낙
함께 하는 삶이니

이 아니들 좀도 좋고
얼씨구나 좋고 좋다

이 능력과 이 힘이면
온 세상을 바꿔 놓는

그 어떠한 일이라도
어려울게 뭐 있으리

뜻있으면 길이 있고
길있으면 하면 되는

이리 좋은 그 방법이
맘이 나된 그거로세

이리 좋은 길을 두고
안할 사람 뉘 있으리

이 일만이 길이길이
행복누릴 길이로세

넓고 넓은 누리 정원
펼쳐 놓고 모두 함께

손에 손을 서로잡고
함께 누린 삶으로써

일상이 된 이런 삶이
맘이 나 된 결과로세

이런 일을 아니하고
그 무엇을 할것인가

모두 모두 맘이 나된
그 일 실천 꼭 하여서

태평세월 함께 누린
그런 삶을 누려보세

얼씨구나 좀도 좋고
절씨구나 좋고 좋다

(아리랑 후렴)

🌸 내 마음 내가 된 삶

내 마음 내가 된 삶
모두들 살아봐요

신기하고 신기하다
신기하고 신기해
(세번 반복)

내 마음 내가 되니
영원한 삶이로세

신기하고 신기하다
신기하고 신기해
(세번 반복)

내 마음 내가 되니
안되는 일 없구나

신기하고 신기하다
신기하고 신기해
(세번 반복)

(아리랑 후렴)

꿈 세계도 창조한데
무엇인들 안될건가

신기하고 신기하다
신기하고 신기해
(세번 반복)

원근거리 상관없이
동시에 이르르니

신기하고 신기하다
신기하고 신기해
(세번 반복)

산하석벽 걸림 없이
자유로이 오고가니

신기하고 신기하다
신기하고 신기해
(세번 반복)

(아리랑 후렴)

상대방의 마음도
읽어낼 수 있으니
그 아니 신기한가

신기하고 신기하다
신기하고 신기해
(세번 반복)

과거 현재 미래 일을
앞 일처럼 아는 능력

신기하고 신기하다
신기하고 신기해
(세번 반복)

내 마음 내가 되면
이런 자유 누려사니
그 아니 신기한가

신기하고 신기하다
신기하고 신기해
(세번 반복)

온 누리의 모든 사람
이 행복을 같이 누려
살아들 봅시다

신기하고 신기하다
신기하고 신기해
(세번 반복)

아리랑 아리랑 아라리요
아리랑 고개로 넘어간다

좀도 좋다

듣는 나를 알지 못해
생활하는 그 가운데
알고파서 명상한데

어허 참말 이럴수가
창피하고 창피하다
창피하고 창피해-

듣는 그 곳 살펴보면
허공처럼 텅텅비어
어찌해야 옳을지를

어허 참말 이럴수가
창피하고 창피하다
창피하고 창피해-

허공처럼 비었으나
그게 듣고 대답하니
그게 바로 내 아닐까

어허 참말 이럴수가
창피하고 창피하다
창피하고 창피해-

그러다가 깨달으니
나고 죽음 본래없는
온통 온통 나로구나

얼씨구야 절씨구야
좀도 좋고 좀도 좋다
좀도 좋고 좀도 좋아

맘이 나 된 삶을 사니
낙원 따로 없는 것을
멍청하게 살았구려

얼씨구야 저절시구
좀도 좋고 좀도 좋다
좀도 좋고 좀도 좋아

꿈의 세계 창조했던
그 능력은 오직 하나
맘이 나된 때문일세

얼씨구야 저절시구
좀도 좋고 좀도 좋다
좀도 좋고 좀도 좋아

이 마음이 내가 되니
천리 만리 시차없고
아니된 일 전혀 없네

얼씨구야 저절시구
좀도 좋고 좀도 좋다
좀도 좋고 좀도 좋아

낙원의 삶 이 아닌가
영원의 삶 이 아닌가
맘이 나 된 삶을 사세

얼씨구야 저절시구
좀도 좋고 좀도 좋다
좀도 좋고 좀도 좋아

그 말씀

1. 님들의 고구정녕 그 말씀 맘에 새기세
그러면 오는 날엔 행복을 누리며
이웃들을 도우며 살리
개미처럼 개미처럼 개미처럼
개미처럼 개미처럼 개미처럼
개미처럼 개미처럼 개미처럼
이것저것 논하려 하지 말고 서로가
서로를 도와 세상을 이끄는 데 노력하면
이 세상의 그 어떠한 일일지라도
못 이룰 일 없을 것일세
꿀벌처럼 꿀벌처럼 꿀벌처럼
꿀벌처럼 꿀벌처럼 꿀벌처럼
꿀벌처럼 꿀벌처럼 꿀벌처럼

2. 님들의 가르침을 실행한 덕으로써
마음에 갖추어진 갖가지 능력을
부려 써서 누리는 삶을
개미처럼 개미처럼 개미처럼
꿀벌처럼 꿀벌처럼 꿀벌처럼
더불어 함께하면 별유천지 눈앞에 일이로세
이 모든 것이 참고 참아 극복해 이겨냈던
그 공덕의 결실이로세 그 공덕의 결실이로세
구름위의 백학처럼 구름위의 백학처럼 구름위의 백학처럼
함께누려 살아가세 함께누려 살아가세 함께누려 살아가세

웃고 살자

1. 아하하하 우습다 아하하하 우스워
제 그림자 모르고 저라 하는 사람 보고 아니 웃고 울랴
아하하하 우습다 아하하하 우스워(3번 반복)
여섯 도적 종노릇에 헌신하는 사람 보고 아니 웃고 울랴
아하하하 우습다 아하하하 우스워
저승세계 코앞인데 대비 없는 사람 보고 아니 웃고 울랴
아하하하 우습다 아하하하 우스워(3번 반복)
참나 찾지 아니하고 허송하는 사람 보고 아니 웃고 울랴
아하하하 우습다 아하하하 우스워(3번 반복)
아리랑 아리랑 아라리요
아리랑 고개를 넘어간다
나를 버리고 가시는 님은
십 리도 못 가서 되돌아온다

2. 즐겁고도 즐겁다 즐겁고도 즐거워(3번 반복)
좋은 인연 있던가 거룩한 이 만나서 참나 찾은 이 행운이
즐겁고도 즐겁다 즐겁고도 즐거워(3번 반복)
이 행운을 나 혼자서 누리기에 아쉬워 인도하려 나섰는데
아리랑 아리랑 아라리요 아리랑 아리랑 아라리가 났네
즐겁고도 즐겁다 즐겁고도 즐거워(3번 반복)
영원한 나 찾음으로 한순간에 성취한 낙원의 삶 권하나니
즐겁고도 즐겁다 즐겁고도 즐거워(3번 반복)
우리 모두 다 함께 얼싸안고 누리는 그런 세상 노력하세
즐겁고도 즐겁다 즐겁고도 즐거워(3번 반복)
아리랑 아리랑 아라리요
아리랑 고개를 넘어간다
청천 하늘엔 잔별도 많고
이내 가슴엔 희망도 많다

🌸 서로서로 나누면서

버들 푸르고 꽃 만발하고 나비 춤이더니
녹음이 우거지고 매미들의 노래 가득한 천지
울긋불긋 고운 단풍 어제인 듯한데 눈이 오네
우리 모두의 삶 저러하고 저렇지 않던가
보기도 아까웁고 소중한 형제 자매들이니
서로서로 나누면서 짧은 우리네 삶을 즐김으로 살아가세

🌸 사람 사는 이치

이 세상 사람들 사는 것
농부들 농사를 짓는 것과
조금도 다를 바 없는 이치이니
여러분 귀 기울여 들어보시오
얼씨구나 좋네 지화자 좋네 아니아니 그러한가

봄이 되면 깊이깊이 간직해 둔 씨곡식을
꺼내다 땅을 파고 다듬어서 골을 파고 뿌린 후에
오뉴월 찜더위에 구슬땀을 흘리면서
김을 매어 가꾸는 것은 엄동설한 추운 날에
사랑하는 부모님과 아내 자식들 모두
잘 지내게 하려는 깊은 뜻에서라네
얼씨구나 좋네 지화자 좋네 아니아니 그러한가

어떤 이가 말을 하기를 늘 현재만을 즐겁게 살자
강변함을 보았는데 좋은 말이기는 하지만
그 말은 자칫하면 희망이 없는 잘못된 말이라네
그러므로 내일을 위하여 오늘의 어려움을 즐기면서
밝게밝게 살아갑시다
얼씨구나 좋네 지화자 좋네 아니아니 그러한가

 불법 공부

 좋구나

1. 이 세상 사는 분들게
권하오니 나를 찾는
이뭐꼬 화두 공부를
곰곰이 챙기고 챙겨
쉬지 않고 하다보면
하늘땅도 흔적 없이
사라지고 몸 없는 내가
환한 웃음 짓는 날이
있을테니 결정신을
내리어서 우리 함께
길이길이 누립시다

2. 불법 만난 이 다행을
그 무엇과 비교하랴
이 다행을 만났을 때
최선 다한 실행으로
금생에서 크게 깨쳐
불보살님 칭찬 받는
오후보림 필히 마쳐
중생 다한 그때까지
님의 은혜 갚을 것을
굳은 의지 맹서로써
다짐하고 다짐하세

3. 때가 없고 장소 없이
뜻을 따라 이뤄지는
이리 좋은 세상살이
본래부터 갖춰짐을
누리는 삶 우리 모두
일심동체 그리 되어
이 생 저 생 할 것 없이
얼씨구나 절씨구나
노래하고 춤도 추며
천생만생 누립시다
길이길이 누립시다

좋구나
이곳이 어때서
낙원에 장소가 있나요

마음이 착하면
선 곳이 무릉도원
이런 삶이 참 삶이라네

미소를 지으며
손에 손을 잡고서
태평가를 모두들 불러요

우리들 이렇게 서로 만나 사는 것
백겁천생 인연이라네

세월아 맞춰라
내 즐기고 즐기며
함께하는 이들에게 위로를 하려네

 나는 바보

나는 바보다 나는 바보야
역지사지 알다보니 바보가 되었네
그렇지만 내 주위는 언제나 웃음이 있고
나눔이 있어 행복하다네
나는 나는 그런 바보야
나는 나는 그런 바보야

영원한 행복 찾기

 불법

1. 사람 사람마다
지닌 그 마음이
내가 된 삶으로
살아 가노라면
자연 알게 되네

둥글고 둥글게
모남없이 살자
(세번 반복)

마음 먹은대로
하고 싶은대로
척척 이뤄지고
꿈을 창조하던
능력 부린 날도
멀지 않으리니

둥글고 둥글게
모남없이 살자
(세번 반복)

노력 실천 다해
영원한 삶으로
영원한 행복을
함께 누려보세
함께 누려보세

둥글고 둥글게
모남없이 살자
(세번 반복)

2. 사람 사람마다
맘을 깨달아서
맘이 내가 되면
평등 그 자체라
자연인이 되어

둥글고 둥글게
모남없이 살자
(세번 반복)

서로 어울려서
나눈 인간미들
행복 그 자체며
오간 말들마다
온화한 그 체취

둥글고 둥글게
모남없이 살자
(세번 반복)

차별없는 베풂
풍족한 맘이고
가족같은 일상
낙원의 이 삶을
함께 누려보세
함께 누려보세

둥글고 둥글게
모남없이 살자
(세번 반복)

불법은 내게 있어
첫째도 둘째에도
내 삶의 이유이고
내 삶의 온통이며
마음의 광채이고
마음의 자비이며
자비의 실천이고
자비의 일상이며
희망의 꽃밭이고
희망의 피안이며
서원의 동력이고
서원의 자산이며
모두의 태평이고
모두의 영원일세

금강의 노래 1

일 없는 경지인 부처님, 중생 위해
한순간도 쉼 없이 일심전력 쏟으시네.

사위국 기수급고독원서 1250명의 비구
들과 계실 때 세존께서 공양 때가 되자
가사 입고 발우 들고 사위성에 들어 차
례차례 비신 후에 본 곳에 오셔 드시고
가사 발우 거둔 다음 발 씻고 자리 펴 앉
으셨네.
이때 장로 수보리 대중 가운데 있다가
자리에서 일어나 오체투지로 앉아 공경
히 합장하고 부처님께 여쭙기를
"희유합니다. 세존이시여. 모든 수행하
는 보살들에게 잘 생각하여 지키게 하시
고 잘 부촉하셨습니다. 그러나 세존이시
여 아뇩다라삼먁삼보리 마음을 내어 어
떻게 머무르며 어떻게 그 마음을 항복시
켜야 합니까?"
"착하고도 착하구나. 수보리야. 네가
말한 대로 여래는 모든 보살들이 잘 생
각하여 지키게 하였고 모든 보살들에게
잘 부촉하였다. 그러나 제삼 청하니 너
희들은 자세히 들거라. 그대들을 위해
일러주리라.
선남자 선여인들이여, 아뇩다라삼먁삼
보리 마음을 내어 마땅히 이러-히 머물
고 이러-히 그 마음을 항복시켜야 하니
라."

금구성언 말씀대로 실천 다해
내 기어이 성취하여 구류 구제
최선 다해 큰 은혜를 보답하리

"그러하오나 세존이시여, 정말 그렇습
니다만 바라옵건대 보다 더 자세히 듣고
자 하나이다."
부처님께서 수보리에게 말씀하시기를
"모든 보살마하살은 마땅히 이러-히 그
마음을 항복시켜야 하니라. 내가 모든
중생들인 아홉 가지 무리들을 모두 남김
없이 열반에 들게 하여 이러-히 한량없
고 수없고 끝없는 중생을 멸도해서는 진
실로 멸도 얻은 중생이 없어야 하니라.
왜냐하면 수보리야 만일 보살이 아상,
인상, 중생상, 수자상이 있다면 곧 보살
이라 할 수 없기 때문이다.
수보리야, 보살은 마땅히 법에도 머무
름 없이 보시를 해야 하는 것이니 색에
머무름 없이 보시를 해야 하며, 소리나
향기나 맛이나 촉감이나 법에도 머무름
없이 보시를 해야 하니라.
수보리야, 마땅히 보살은 이러-히 보시
를 하여 모든 상에 머무름이 없어야 하
는 것이니, 만약 보살이 상에 머무름 없
이 보시를 하면 그로 인한 복덕은 생각
으로 헤아릴 수 없느니라. 왜냐하면 끝
없는 미래에 누리기 때문이니라.
그대는 어떻게 생각하느냐? 몸과 모
양으로 여래를 볼 수 있겠느냐, 없겠느
냐?"
"볼 수 없습니다. 세존이시여. 몸과 모
양으로는 여래를 볼 수 없습니다. 왜냐
하면 여래께서 말씀하신 몸과 모양은 곧
몸과 모양이 아니기 때문입니다."

"수보리야, 무릇 있는 바 상이 모두 허
망하다고들 하나 만약 모든 상이 상 아
님을 보면 바로 여래를 본 것이니라."

금구성언 말씀대로 실천 다해
내 기어이 성취하여 구류 구제
최선 다해 큰 은혜를 보답하리

수보리가 부처님께 여쭈었다.
"이상과 같은 말씀을 듣고 참답게 믿음
을 낼 중생이 있겠습니까?"
"수보리야, 그런 말을 말라. 내가 열반
한 뒤 오백 세가 지난 후라도 계행을 갖
추고 복을 닦는 사람이 있어서 이 글귀
에 능히 믿는 마음을 내어 이로써 참다
움을 삼을 것이니라.
마땅히 알라. 이 사람은 한 부처님, 두
부처님, 세 부처님, 네 부처님, 다섯 부
처님에게만 선근을 심은 것이 아니라 이
미 한량없는 천만 부처님 처소에서 선근
을 심었기에 이 글귀를 듣고 지극한 한
생각에 깨끗한 믿음을 내니라."

금강반야바라밀
금강반야바라밀
금강반야바라밀

금구성언 말씀대로 실천 다해
내 기어이 성취하여 구류 구제
최선 다해 큰 은혜를 보답하리

금강의 노래 2

일 없는 경지인 부처님, 중생 위해
한순간도 쉼 없이 일심전력 쏟으시네.

수보리가 부처님께 여쭈었다.
"세존이시여, 부처님께서 아뇩다라삼먁
삼보리를 얻으셨다 하나 얻은 바 없습니
다."
"그렇고 그렇다 수보리야. 나에게는 아
뇩다라삼먁삼보리나 그 어떤 조그마한
법도 얻음이 없으니 이를 이름하여 아뇩
다라삼먁삼보리라 하니라.
수보리야 이 법은 평등하여 높고 낮음
이 없기에 이를 이름하여 아뇩다라삼먁
삼보리라 하니라. 아도 없고, 인도 없고,
중생도 없고, 수자도 없이 모든 선법을
닦아야 곧 아뇩다라삼먁삼보리를 얻느니
라.

금구성언 말씀대로 실천 다해
내 기어이 성취하여 구류 구제
최선 다해 큰 은혜를 보답하리

수보리야 선법이라고 말한 것도 여래가
곧 선법도 아닌 이것을 이름하여 선법이
라 할 뿐이니라.
수보리야 만일 어떤 사람이 삼천대천세
계 가운데 있는 모든 수미산왕만 한 일
곱 가지 보배 무더기로 보시한다 해도
이 반야바라밀경의 네 글귀 게송만이라
도 받아 지녀 읽고 외워서 다른 사람을
위하여 설하여 주는 이가 있다면 앞에서
일곱 가지 보배로 보시한 복덕으로는 백

천만억의 일에도 미칠 수 없느니라.
왜냐하면 그 복덕은 끝없는 미래에 누
리기 때문이니라.

다른 사람을 위하여 어떻게 말하여 주
겠느냐?
취할 상이란 것도 없으니 이러-하고 이
러-해서 움직임이 없도록 하라.
왜냐하면 모든 함이 있는 법은 꿈 같고,
허깨비 같고, 물거품 같고, 그림자 같으
며, 이슬 같고, 번개 같아서 마땅히 이
러-히 보아야 하기 때문이니라.

금구성언 말씀대로 실천 다해
내 기어이 성취하여 구류 구제
최선 다해 큰 은혜를 보답하리

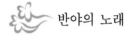 반야의 노래

일 없는 경지인 부처님, 중생 위해
한순간도 쉼 없이 일심전력 쏟으시네

내면 향해 비춰보는 지혜로써 이 몸 공함 바로 보아
나고 죽는 모든 괴로움 벗어나신 관자재의 말씀
들어보오

색이라 하나 공과 다르지 아니하고
공이라 하나 색과 다르지 아니하여
색 그대로 공이고, 공 그대로 색이며
받는 것, 생각하는 것, 행하는 것, 분별도 그렇다네

모든 법의 상도 또한 공했나니
나고 죽음 본래 없고 더럽지도 깨끗지도 아니하며
늘지도 줄지도 않는다네

금구 성언 옳은 말씀
수행이란 힘이 들어도
고비 넘겨 이뤄만 봐요
더 없는 행복을 이루네

공 가운데 색 없어서, 받는 것, 생각하는 것, 행하
는 것, 분별도 없고
눈과 귀와 코와 혀, 몸과 뜻도 없고
빛과 소리, 향기와 맛, 닿는 것과 법도 없어
눈으로 볼 경계 없어 뜻으로 분별할 경계도 없고
무명 없고 무명 다함 또한 없다시네
그러므로 늙고 죽음 없고, 늙고 죽음 다한 것도
본래 없어
고와 집과 멸과 도도 없다 하고
지혜도 없고 또한 얻음마저 없으니, 얻을 바 없는
까닭이라네

금구 성언 옳은 말씀
이 경지가 힘이 들어도
굽이 넘겨 이뤄만 봐요
영원한 행복을 이루네

보살님들 반야바라밀다를 의지하는 까닭으
로 마음에 걸림 전혀 없고
걸림 없는 까닭으로 두려움이 전혀 없어
엎어지고 거꾸러진 꿈결 같은 생각들이
전혀 없어 마침내 열반이라네

삼세 모든 부처님도 지혜로써 저 언덕에 이
르름을 의지한 고로
무상정변정각 이뤘나니 그러므로 알지어다
반야바라밀다는 이러-히 크게 신령한 주며
이러-히 크게 밝은 주며
이러-히 위없는 주며 이러-히 차별 없는 차별
하는 주라
능히 모든 괴로움을 없앤다 함 진실이지 거
짓 없네

아제 아제 바라아제 바라승아제 모지 사바하
아제 아제 바라아제 바라승아제 모지 사바하
아제 아제 바라아제 바라승아제 모지 사바하

금구 성언 옳은 말씀
이 경지를 최선을 다해
이룬다면 끝없는 삶에
영원한 행복을 이루네

치유의 노래

요즈음의 우울증과 가지가지 신경성 질환에 시달리는 사람들
세상에서 들리는 저 모든 소리들을
나의 내면에서 듣는 곳을 향해 비춰보오
쉬운 일은 아니지만 포기하지 않고
듣는 곳을 향해 보고 또 보는 것을
하루 이틀 한 달 두 달 지속하다 보면
어느 날 밖이 없는 고요를 체험하게 될 것일세
얼씨구나 좋네 지화자 좋네 아니아니 그러한가

그 고요를 지속하도록 노력하노라면
어느 날 대상 없는 미소와 동시에 편안함을 체험하게 될 것일세
밖이 없는 이 고요의 편안함을 즐기다 보면
어느 날 밖의 어느 인연을 맞아 그 실체인 자신을 발견할 것일세
이 실체를 발견한 뒤 세상을 살아가는 과정에서
어려운 일이 있으면 바로 그 실체에 비춰 보게
그 어려운 것들이 사라지고 밖이 없는 고요로운 실체의 자신이
대상 없는 미소를 짓게 될 것일세
얼씨구나 좋네 지화자 좋네 아니아니 그러한가

효

1. 아들 딸이 귀엽고 사랑스런 그 속에 우리들의 부모님
어려움에도 끝내 가르치고 기른 정 이제 읽으며
늦은 눈물로써 불초를 뉘우치며 맹세하고 다짐하는
아들 딸이 여기 있으니, 건강히 오래만 사시기를
손 모아 손을 모아 간절하게 바라고 또 바라는
기도를 하옵니다 부모님 입이 귀에 걸리시게 할 겁니다

2. 어렵고도 어려운 보릿고개 그 속에 우리들을 먹이고
가르치느라 정말 그 얼마나 고생이 되셨습니까
허리 두 끈으로 졸라맨 아픔으로 사셨죠
정말정말 오래도록 건강하게만 계셔주신다면
아들 딸을 낳으시고 길러주신 그 노고에 크게 보답할 겁니다
아버님 어머님의 입이 귀에 걸리시게 할 겁니다

내 말 좀 들어봐요

모두모두 내 말 좀 들어봐요
이 몸이 내가 아니라 이 마음이 나 아닌가
살아가는 생활 속에 명상을 하여
이 맘 찾아 나를 삼아 살아를 봐요
모든 속박 모든 괴롬 벗어나는 아주 좋은 일이니
이제라도 안 늦으니 명상으로 뜻 이루어
영원한 생명, 영원한 행복 우리 모두 누려들 보세
사막화를 막고 사막 경영 시대를 열자

사막화로 급속히 변해가는 이 지구를
방치해선 아니 되네 방치하면
지구가 생긴 이래 최악의 상태 됨은
불을 보듯 뻔한 일일세, 하지만

육십 억의 온 인류가 한 마음 한 뜻 되어
황무지는 돌나물로 푸른 초원 만들고
확장되는 사막화를 배수관의 바닷물로 막는다면
지구가 생긴 이래 가장 살기 좋은 시대를
인류는 맞을 걸세

아리랑 아리랑 아라리요
아리랑 고개를 넘어간다
청천 하늘엔 잔별도 많고
이내 가슴엔 희망도 많다

사막은 지구의 심장

21세기는 사막 경영 시대를 열어
연구에 노력을 다한다면
지상 낙원이 인류에게 달려와서 맞을 걸세

육십 억의 온 인류가 손에 손잡고 한 뜻 되어
사랑하는 마음으로 역경을 헤쳐 나가
사막화를 막고 황무지를 초원으로
살기 좋은 지구촌을 이뤄보세
살기 좋은 지구촌을 이뤄보세

아리랑 아리랑 아라리요
아리랑 고개를 넘어간다
청천 하늘엔 잔별도 많고
이내 가슴엔 희망도 많다

이때 우리는

1. 화산의 폭발로 해서 사람들과 모든 것이 용암펄로 화해버린
이 막막한 우리들을 올바르게 영원으로 끌어주실
성인 중의 성인이신 불보살님 나라에 가 나는 게 꿈이네

2. 태풍이 인가를 덮쳐 다정했던 이웃들은 간 곳 없고
어지러운 벌판 되어 처참하고 참담하기 그지없는 무상한
이 현실에 의지할 분. 생명 밝혀 영원케 한 부처님 뿐이네

3. 지진이 우리의 삶을 삼켜버려 초토화가 되어버린
허망하기 그지없는 우리들의 현실에선 사방천지 둘러봐도
의지해야 할 분은 자신 깨쳐 누리라 한 부처님 뿐이네

 잘 사는 비결

참지 못한 결과는 어려움이 닥치고
참고 참는 결과는 좋은 일이 온다네
친구들아 모든 일 힘을 합쳐 맞으면
못 이룰 일 없지만
니 떡 너 먹고 내 떡 나 먹는 그럼 마음 쓴다면
될 일도 아니 된다네
우리 서로 뜻을 합쳐 모두모두 잘 살아보세
이미 이룬 과학문명 선용을 해서 용맹심을 내어
모든 일에 임한다면 행복이 줄을 서서 올 걸세
아리랑 아리랑 아라리요
아리랑 고개를 넘어간다
청천 하늘엔 잔별도 많고
이내 가슴엔 희망도 많다

용서한 결과로는 웃는 날을 맞이하고
베푼 뒤엔 참 좋은 이웃들이 생기네
친구들아 서로들 힘을 합쳐 임하면
못할 일이 없지만
니 떡 너 먹고 내 떡 나 먹는 그런 마음 쓴다면
될 일도 아니 된다네
오늘부터 뜻을 합쳐 우리 한번 잘 살아보세
이미 이룬 과학문명 선용을 해서 용맹심을 내어
모든 일에 임한다면 행복이 줄을 서서 올 걸세
아리랑 아리랑 아라리요
아리랑 고개를 넘어간다
청천 하늘엔 잔별도 많고
이내 가슴엔 희망도 많다

만들자

1. 빌딩숲의 실외기 열
오고가는 차 배기가스
사람소리 기계소리를
원림 속의 새소리와
개울소리 미풍소리
그것으로 만들자 만들자 만들자

2. 이익 따져 주고받는
설왕설래 어지러움
높고 낮은 금속음들을
매미소리 물소리와
노래하는 환경으로
우리 함께 만들자 만들자 만들자

3. 하늘 맑고 별이 빛난
조용하고 시상 뜨는
그런 환경 거닐면서
손에 손을 마주 잡고
노래하는 세상으로
우리 함께 만들자 만들자 만들자

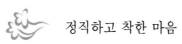

정직하고 착한 마음

1. 정직하고 착한마음 우리모두 실천하면	2. 정직하고 착한 행동 우리 모두 실천하면	3. 이런 마음 이런 행이 우리 조상 바탕이니
먼저 가정 화평하고 웃음 꽃에 향내나며	믿는 마음 두려워져 서로서로 돕게 되고	우리 국민 이뤄내어 봉화적인 나라로써
이웃간에 믿음 깊어 서로 소통 이뤄져서	그리되면 힘 모아서 일일마다 쉬 이뤄져	지구촌을 낙원으로 이뤄내는 나라되어
나라위한 일이라면 솔선수범 모두하고	앞서가는 나라되고 대접받는 국민되어	가는 곳곳 두르르는 그런 국민 그런 나라
서로 믿는 사회여서 안되는 일 없을걸세	곳곳에서 우러르는 그런 국민 될 것일세	그런 조상 그런 사상 꽃 피우는 국민 되세
서로 믿고 웃는 사회 우리 모두 힘 모아서 낙원 나라 이뤄내어 세계 이끈 나라 되세	서로 믿고 웃는 사회 우리 모두 힘 모아서 낙원 나라 이뤄내어 세계 이끈 나라되세	서로 믿고 웃는 사회 우리 모두 힘 모아서 낙원 나라 이뤄내어 세계 이끈 나라 되세

도서출판 문젠(Moonzen)의 책들

1~5. 바로보인 전등록 (전30권을 5권으로)

7불과 역대 조사의 말씀이 1,700공안으로 집대성되어 있는 선종 최고의 고전으로, 깨달음의 정수가 살아 숨쉬도록 새롭게 번역되었다.

464, 464, 472, 448, 432쪽.

각권 18,000원

6. 바로보인 무문관

황룡 무문 혜개 선사가 저술한 공안집으로 전등록, 선문염송, 벽암록 등과 함께 손꼽히는 선문의 명저이다.

본칙 48개와 무문 선사의 평창과 송, 여기에 역저자인 대원 선사의 도움말과 시송으로 생명과 같은 선문의 진수를 맛보여 주고 있다.

272쪽. 12,000원

7. 바로보인 벽암록

설두 선사의 설두송고를 원오 극근 선사가 수행자에게 제창한 것이 벽암록이다.

이 책은 본칙과 설두 선사의 송, 대원 선사의 도움말과 시송으로 이루어져, 벽암록을 오늘에 맞게 바로 보이고 있다.

456쪽. 15,000원

8. 바로보인 천부경

우리 민족 최고(最古)의 경전 천부경을 깨달음의 책으로 새롭게 바로 보였다. 이 책에는 81권의 화엄경을 81자에 함축한 듯한 천부경과, 교화경, 치화경의 내용이 함께 담겨 있으며, 역저자인 대원 선사가 도움말, 토끼뿔, 거북털 등으로 손쉽게 닦아 증득하는 문을 열어놓고 있다.

432쪽. 15,000원

9. 바로보인 금강경

대원 선사의 『바로보인 금강경』은 국내 최초로 독창적인 과목을 내어 부처님과 수보리 존자의 대화 이면의 숨은 뜻을 드러내고, 자문과 시송으로 본문의 핵심을 꿰뚫어 밝혀, 금강경 전체를 손바닥 안의 겨자씨를 보듯 설파하고 있다.

488쪽. 15,000원

10. 세월을 북채로 세상을 북삼아

대원 선사의 선시가 담긴 선시화집 『세월을 북채로 세상을 북삼아』는 선과 시와 그림이 정상에서 만나 어우러진 한바탕이다.

선의 세계를 누리는 불가사의한 일상의 노래, 법열의 환희로 취한 어깨춤과 같은 선시가 생생하고 눈부시게 내면의 소리로 흐른다.

180쪽. 15,000원

11. 영원한현실

애매모호한 구석이 없이 밝고 명쾌하여, 너무도 분명함에 오히려 그 깊이를 헤아리기 어려운, 대원 선사의 주옥같은 법문을 모아 놓은 법문집이다.

400쪽. 15,000원

12. 바로보인 신심명

신심명은 양끝을 들어 양끝을 쓸어버리는, 40 대치법으로 이루어진, 3조 승찬 대사의 게송이다. 이를 대원 선사가 바로 번역하는 것은 물론, 주해, 게송, 법문을 더해 통쾌하게 회통하고 자유자재 농한 것이 이『바로보인 신심명』이다.

296쪽. 10,000원

13~17. 바로보인 환단고기 (전5권)

『바로보인 환단고기』 1권은 민족정신의 정수인 환단고기의 진리를 총정리하여 출간하였다. 2권에는 역사총론과 태초에서 배달국까지 역사가 실려 있으며, 3권은 단군조선, 4권은 북부여에서부터 고려까지의 역사가 실려 있다. 5권에는 역사를 증명하는 부록과 함께 환단고기 원문을 실었다.

344 · 368 · 264 · 352 · 344쪽. 각권 12,000원

18~47. 바로보인 선문염송 (전30권)

선문염송은 세계최대의 공안집이다. 전 공안을 망라하다시피 했기에 불조의 법 쓰는 바를 손바닥 들여다보듯 하지 않고는 제대로 번역할 수 없다. 대원 선사는 전 공안을 바로 참구할 수 있게끔 번역하고 각 칙마다 일러보였다.

352 368 344 352 360 360 400 440 376 392 384 428 410 380 368 434 400 404 406 440 424 460 472 456 504 528 488 488 480 512쪽

각권 15,000원

48. 앞뜰에 국화꽃 곱고 북산에 첫눈 희다

대원 선사의 선문답집으로 전강·경봉·숭산·묵산 선사와의 명쾌한 문답을 실었으며, 중앙일보의 <한국불교의 큰스님 선문답> 열 분의 기사와 기자의 질문에 대한 대원 선사의 별답을 함께 실었다.

200쪽. 5,000원

49. 바로보인 증도가

선종사에 사라지지 않을 발자취로 남은 영가 선사의 증도가를 대원 선사가 번역하고 법문과 송을 더하였다.

자비의 방편인 증도가의 말씀을 하나하나 쳐가는 선사의 일갈이야말로 영가 선사의 본 의중과 일치하여 부합하는 것이라 아니할 수 없다.

376쪽. 10,000원

50. 바로보인 반야심경

이 시대의 야부(治父)선사, 대원 선사가 최초로 반야심경에 과목을 붙여 반야심경 내면에 흐르는 뜻을 밀밀하게 밝혀놓고 거침없는 송으로 들어보였다.

264쪽. 10,000원

51~52. 선(禪)을 묻는 그대에게 (전10권 중 2권)

대원 선사의 선수행에 대한 문답집.
깨달아 사무친 경지에 대한 밀밀한 점검과, 오후보림에 대한 구체적인 수행법 제시와, 최초의 무명과 우주생성의 원리까지 낱낱이 설한 법문이 담겨 있다.

280쪽, 272쪽. 각권 15,000원

53. 바로보인 선가귀감

선가귀감은 깨닫고 닦아가는 비법이 고스란히 전수되어 있는 선가의 거울이라 할 만하다. 더욱이 바로보인 선가귀감은 매 소절마다 대원 선사의 시송이 화살을 과녁에 적중시키듯 역대 조사와 서산대사의 의중을 꿰뚫어 보석처럼 빛나고 있다.

352쪽. 15,000원

54. 바로보인 법융선사 심명

심명 99절의 한 소절, 한 소절이 이름 그대로 마음에 새겨두어야 할 자비광명들이다. 이 심명은 언어와 문자이면서 언어와 문자를 초월한 일상을 영위하게 하는 주옥같은 법문이다.

278쪽. 12,000원

55. 주머니 속의 심경

반야심경은 부처님이 설하신 경 중에서도 절제된 경으로 으뜸가는 경이다. 대원 선사의 선송(禪頌)도 그 뜻을 따라 간략하나 선의 풍미를 한껏 담고 있다. 하루에 한 소절씩을 읽고 참구한다면 선 수행의 지름길이 될 것이다.

84쪽. 5,000원

56. 바로보인 법성게

법성게는 한마디로 화엄경의 핵심부를 온통 훤출히 드러내놓은 게송이다. 짧은 글 속에 일체의 법을 이렇게 통렬하게 담아놓은 법문도 드물 것이다.

이렇게 함축된 법성게 법문을 대원 선사가 속속들이 밀밀하게 설해놓았다.

176쪽. 10,000원

57. 달다 - 전강 대선사 법어집

이제는 전설이 된 한국 근대선의 거목인 전강 선사님의 최상승법과 예리한 지혜, 선기로 넘쳤던 삶이 생생하게 담겨 있는 전강 대선사 법어집 < 달다 > !

전강 대선사님의 인가 제자인 대원 선사가 전강 대선사님의 법거량과 법문, 일화를 재조명하여 보았다.

368쪽. 15,000원

58. 기우목동가

그 뜻이 심오하여 번역하기 어려웠던 말계지은 선사의 기우목동가!

대원 선사가 바른 뜻이 드러나도록 번역하고, 간결한 결문과 주옥같은 선송으로 다시 보았다.

146쪽. 10,000원

59. 초발심자경문

이 초발심자경문은 한문을 새기는 힘인 문리를 터득하게 하기 위하여 일부러 의역하지 않고 직역하였다.

대원 선사의 살아있는 수행지침도 실려 있다.

266쪽. 10,000원

60. 방거사어록

방거사어록은 선의 일상, 선의 누림을 보여 주는 대표적인 선문이다. 역저자인 대원 선사는 방거사어록의 문답을 '본연의 바탕에서 꽃피우는 일상의 함'이라 말하고 있다. 법의 흔적마저 없는 문답의 경지를 온전하게 드러내 놓은 번역과, 방거사와 호흡을 함께 하는 듯한 '토끼뿔'이 실려 있다.

306쪽. 15,000원

61. 실증설

이 책의 모태는 대원 선사가 2010년 2월 14일 구정을 맞이하여 불자들에게 불법의 참뜻을 보이기 위해 홀연히 펜을 들어 일시에 써내려간 이 책의 3부이다. 실증한 이가 아니고는 설파할 수 없는 일구 도리로 보인 이 3부와 태초로부터 영겁에 이르는 성품의 이치를 문답과 인터뷰 법문으로 낱낱이 설한 1, 2를 보아 실증하기를…

224쪽. 10,000원

62. 하택신회대사 현종기

육조대사의 법이 중국천하에 우뚝하도록 한 장본인, 하택신회대사의 현종기. 세간에 지해종도로 알려져 있는 편견을 불식시키는 뛰어난 깨달음의 경지가 여기에 담겨있다. 대원 선사가 하택신회대사의 실경지를 드러내고 바로보임으로써 빛냈다.

232쪽. 10,000원

63. 불조정맥 - 韓·英·中 3개국어판

석가모니불로부터 현 78대에 이르기까지 불조정맥진영(佛祖正脈眞影)과 정맥전법게(正脈傳法偈)를 온전하게 갖춘 최초의 불조정맥서. 대원 선사가 다년간 수집, 정리하여 기도와 관조 끝에 완성한 『불조정맥』을 3개국어로 완역하였다.

216쪽. 20,000원

64. 바른 불자가 됩시다

참된 발심을 하여 바른 신앙, 바른 수행을 하고자 해도, 그 기준을 알지 못해 방황하는 불자님들을 위해 불법의 바른 길잡이 역할을 하도록 대원 선사가 집필하여 출간하였다.

162쪽. 10,000원

65. 누구나 궁금한 33가지

21세기의 인류를 위해 모든 이들이 가장 어렵고 궁금해 하는 문제, 삶과 죽음, 종교와 진리에 대한 바른 지표를 제시하고자 대원 선사가 집필하여 출간하였다.

180쪽. 10,000원

66. 108진참회문 - 韓·英·中 3개국어판

전생의 모든 악연들이 사라져 장애가 없어지고, 소망하는 삶을 살게 하기 위해 대원 선사가 10계를 위주로 구성한 108 항목의 참회문이다. 한 대목마다 1배를 하여 108배를 실천할 것을 권한다.

170쪽. 15,000원

67. 달마의 일할도 허락지 않는다

대원 선사의 짧고 명쾌한 법문집.
책을 잡는 순간 달마의 일할도 허락지 않는 선기와 맞닥뜨리게 될 것이다. 때로는 하늘을 찌를 듯한 기세와, 때로는 흔적 없는 공기와도 같은 향기를 일별하기를…

190쪽. 10,000원

68. 마음대로 앉아 죽고 서서 죽고

생사를 자재한 분들의 앉아서 열반하고 서서 열반한 내력은 물론 그분들의 생애와 법까지 일목요연하게 수록해놓았다.

446쪽. 15,000원

69. 화두 - 韓·英·中 3개국어판

『화두』는 대원 선사의 평생 선문답의 결정 판이다. 생생하게 살아있는 선(禪)을 한·영·중 3개국어로 만날 수 있다. 특히 대원 선사의 짧은 일대기가 실려 있어 그 선풍을 음미하는 데에 큰 도움을 주고 있다.

440쪽. 15,000원

70. 바로보인 간당론

법문하는 이가 법리를 모르고 주장자를 치는 것을 눈먼 주장자라 한다. 법좌에 올라 주장자 쓰는 이들을 위해서 대원 선사가 간당론에서 선리(禪理)만을 취하여 『바로보인 간당론』을 출간하였다.

218쪽. 20,000원

71. 완전한 우리말 불공예식법

부처님께 공양을 올리고 불보살님의 가피를 구하는 예법 등을 총칭하여 불공예식법이라 한다. 대원 선사가 이러한 불공예식의 본뜻을 살려서 완전한 우리말본 불공예식법을 출간하였다.

456쪽. 38,000원

72. 바로보인 유마경

유마경은 가히 불법의 최정점을 찍는 경전이라 할 것이니, 불보살님이 교화하는 경지에서의 깨달음의 실경과 신통자재한 방편행을 보여주는 최상승 경전이다. 대원 선사가 < 대원선사 토끼뿔 >로 이 유마경에 걸맞는 최상승법을 이 시대에 다시금 드날렸다.

568쪽. 20,000원

73. 실증설 5개국어판 - 韓·英·佛·西·中

대원 선사가 불법의 참뜻을 보이기 위해 홀연히 펜을 들어 일시에 써내려간 실증설! 실증한 이가 아니고는 설파할 수 없는 도리로 가득한 이 책이 드디어 영어, 불어, 스페인어, 중국어를 더하여 5개국어로 편찬되었다.

860쪽. 25,000원

74. 누구나 궁금한 33가지 3개국어판 - 韓·英·中

누구라도 풀어야 할 숙제인 33가지의 의문에 대한 답을 21세기의 현대인에게 맞는 비유와 언어로 되살린 『누구나 궁금한 33가지』가 한글, 영어, 중국어 3개국어로 출간되었다.

408쪽. 15,000원

75. 달마의 일할도 허락지 않는다 3개국어판 - 韓·英·中

대원 선사의 짧고 명쾌한 법문집인 『달마의 일할도 허락지 않는다』가 한글, 영어, 중국어 3개국어로 출간되었다. 전세계에서 유일하게 활선의 가풍이 이어지고 있는 한국, 그 가운데에서도 불조의 정맥을 이은 대원 선사가 살활자재한 법문을 세계로 전하고 있는 책이다.

308쪽. 15,000원

76~104. 화엄경 (전81권 중 30권)

대원 선사는 선문염송 30권, 전등록 30권을 모두 역해하여 세계 최초로 1,463칙 전 공안에 착어하였다. 이러한 안목으로 대천세계를 손바닥의 겨자씨 들여다보듯 하신 불보살님들의 지혜와 신통으로 누리는 불가사의한 화엄세계를 열어 보였다.

206, 256, 264, 278, 240, 288, 276, 224, 220, 236, 200, 208, 252, 224, 258, 302, 270, 249, 288, 244, 234, 228, 282, 240, 225, 220, 240 264, 224, 237, 215, 169쪽.

각권 15,000원

105. 법성게 3개국어판 - 韓·英·中

법성게는 한마디로 화엄경의 핵심부를 훤출히 드러내놓은 게송으로 짧은 글 속에 일체법을 고스란히 담아 놓았다. 대원 선사의 통쾌한 법성게 법문이 한영중 3개국어로 출간되었다.

376쪽. 15,000원

106. 정법의 원류

『정법의 원류』는 불조정맥을 이은 정맥선원의 소개서이다. 정맥선원은 불조정맥 제77조 조계종 전강 대선사의 인가 제자인 대원 전법선사가 주재하는 도량이다. 『정법의 원류』를 통해 정맥선원 대원 선사의 정맥을 이은 법과 지도방편을 만날 수 있다.

444쪽. 20,000원

107. 바로보인 도가귀감

도가귀감은, 온통인 마음〔一物〕을 밝혀 회복함으로써, 생사를 비롯한 모든 아픔과 고를 여의어, 뜻과 같이 누려서 살게 하고자 한 도교의 뜻을, 서산대사가 밝혀놓은 책이다. 대원 선사가 부록으로 도덕경의 중대한 대목을 더하고, 그 대목대목마다 결문(決文)하였다.

218쪽. 12,000원

108. 바로보인 유가귀감

유가귀감은 서산대사가 간추려놓은 구절로서, 간결하지만 심오하기 그지없으니, 간략한 구절 속에서 유교 사상을 미루어볼 수 있게 하였다. 대원 선사가 그 뜻이 잘 드러나게 번역하고 그 대목대목마다 결문(決文)하였다.

236쪽. 15,000원

출간도서

바로보인 전등록 전 5권
바로보인 무문관
바로보인 벽암록
바로보인 천부경·교화경·치화경
바로보인 금강경
세월을 북채로 세상을 북삼아
영원한 현실
바로보인 신심명
바로보인 환단고기 전 5권
바로보인 선문염송 전 30권
앞뜰에 국화꽃 곱고 북산에 첫눈 희다
바로보인 증도가
바로보인 반야심경
선을 묻는 그대에게 1·2
바로보인 선가귀감
바로보인 법융선사 심명
주머니 속의 심경
바로보인 법성게
달다 -전강 대선사 법어집
기우목동가
초발심자경문
방거사어록

실증설
하택신회대사 현종기
불조정맥 - 한·영·중 3개국어판
바른 불자가 됩시다
누구나 궁금한 33가지
108진참회문 - 한·영·중 3개국어판
달마의 일화도 허락지 않는다
마음대로 앉아 죽고 서서 죽고
화두 - 한·영·중 3개국어판
바로보인 간당론
완전한 우리말 불공예식법
바로보인 유마경
실증설 5개국어판 - 한·영·불·서·중
누구나 궁금한 33가지 3개국어판
- 한·영·중
달마의 일화도 허락지 않는다
3개국어판 - 한·영·중
화엄경 전 81권 중 32권
법성게 3개국어판 - 한·영·중
정법의 원류
바로보인 도가귀감
바로보인 유가귀감

출간예정 도서

화엄경 34권 ~ 81권
바로보인 능엄경 제6권
바로보인 원각경
바로보인 육조단경
바로보인 대전화상주 심경
바로보인 전등록 전 30권
바로보인 위앙록
해동전등록
말 밖의 말
언어의 향기

농선 대원 선사 선송집
진리와 과학의 만남
바로보인 5대 종교
금강경 야부송과 대원선사 토끼뿔
선재동자 참알 오십삼선지식
경봉선사 혜암선사 법을 들어 설하다
십현담 주해
불교대전
태고보우선사어록

법문 MP3를 주문판매합니다

부처님의 78대손이신 농선 대원 전법선사님의 법문 MP3가 나왔습니다. 책으로만 보아서는 고준하여 알기 어려웠던 선문의 이치들이 자세히 설하여져 있어서, 모든 궁금증을 시원하게 풀어줄 것입니다.

- 천부경 : 15,000원
- 신심명 : 30,000원
- 현종기 : 65,000원
- 기우목동가 : 75,000원
- 반야심경 : 1회당 5,000원 (총 32회)
- 선가귀감 : 1회당 5,000원 (총 80회)

- 금강경 : 40,000원
- 법성계 : 10,000원
- 법융선사 심명 : 100,000원

대원 선사님 작사 노래 CD 주문판매합니다

가슴으로 부르는
불심의 노래

1. 서 원 가 (3:36)
2. 반조 염불가 (4:00)
3. 소중한 삶 (2:30)
4. 석가모니불 (4:52)
5. 맹서의 노래 (4:25)
6. 염원의 노래 (3:25)
7. 음성 공양 (3:51)
8. 발 심 가 (3:05)
9. 자비의 품 (4:10)
10. 부처님 은혜(첫 번째) (4:34)

11. 보살의 마음 (3:50)
12. 이 생에 해야 할 일 (3:08)
13. 구도의 목표 (3:18)
14. 님은 아시리 (3:42)
15. 부처님 은혜(두 번째) (4:34)
16. 성중성인 오성네 (3:10)
17. 내 문제는 내가 풀자 (2:38)
18. 즐거운 밤 (2:27)
19. 관 음 가 (2:48)

• 가격 : 2만원

가슴으로 부르는
불심의 노래 2

1. 부 처 님 (4:01)
2. 열반재일 (3:09)
3. 성도재일 (4:00)
4. 석굴암의 노래 (3:19)
5. 님의 모습 (3:15)
6. 믿고 따르세 (2:55)
7. 신행을 다하리 (4:17)
8. 부처님께 바치는 마음 (3:49)
9. 감사합니다 (3:10)
10. 교 화 가 (4:30)

11. 성철길 조츠 (3:08)
12. 권 수 가[1] (3:02)
13. 권 수 가[2] (3:02)
14. 우란분재일 (3:38)
15. 고맙습니다 (2:31)
16. 믿음으로 여는 세상 (3:05)
17. 출가재일 (2:44)
18. 염 원 (2:52)
19. 우리네 삶, 고운 수로 (2:35)
20. 숲속의 마음 (2:33)

• 가격 : 1만5천원

문의 전화 ☎ 031-534-3373

유튜브에서 채널 구독하시고
무료로 찬불가 앨범을 감상하세요

유튜브에서 MOONZEN을 검색하시거나
아래의 주소로 접속해주세요

http://www.youtube.com/user/officialMOONZEN

화엄경 33권은 이룬절 포천정맥선원 월광 윤중석, 월성 박영희 본연님, 윤영민, 윤지원님의 보시에 의해 출간되었습니다. 이 무량공덕으로 구경성불하시기를 기원합니다.